König Johann

Der blinde König

Skizze vom abenteuerlichen Leben und Sterben
eines Luxemburger Heldenkönigs

1

Autorin: Brigitte Bäumler

1. Auflage

Herstellung und Verlag:
Books on Demand GmbH, Nordstett

ISBN- 9783839136393

Inhalt

Vorwort

Sicherlich haben Sie auch schon einmal erlebt, dass Sie mit ihrem Fahrzeug durch die Landschaft fuhren, und ihr Blick plötzlich magisch von einer alten Burgruine angezogen wurde.
Sie spürten das unwiderstehliche Bedürfnis zu dieser Burgruine hinzufahren und sich ihrer Magie hinzugeben.
Genauso ging es mir vor vielen Jahren als ich zum ersten Mal die Burgruine Freudenburg sah.
Wie von einem Magneten angezogen, musste ich die Burg besuchen-
Dort angekommen erblickte ich die Informationstafel, aus der hervorging, dass der Erbauer dieser Burg ein König Johann war.
Dies war das erste Mal, dass ich von der Existenz von diesem König Johann hörte.
Bereits eine Stunde später begegnete mir König Johann zum zweiten Mal an diesem Tag.
Ein weiteres Mal las ich seinen Namen auf der Infotafel der Klause zu Kastell.
Meine Neugier war geweckt-
Wer war dieser König, der hier so heldenhaft beschrieben wurde?
Bereits am nächsten Tag besuchte ich die Stadt Bibliothek und fragte dort eine nette Bibliothekarin,
ob sie schon mal etwas von diesem König Johann gehört habe und ob sie vielleicht ein Buch über ihn hätte
Sie gab mir eine Reihe von Büchern die ich auch alle las.
Jedes dieser Bücher brachte mir ein Teil seines Lebens wieder- Aber es war mir alles zu spezifisch.
All diese Daten verwirrten mich zunächst stellenweise-

Aus diesem Grund entschied ich mich, selber ein Buch über Johann von Böhmen zu schreiben.
Ich wollte damit ein Buch veröffentlichen, deren Daten chronologisch aufgeführt sind.
Ich wollte für Menschen schreiben, die nicht unbedingt Geschichte studiert hatten. Sich aber für diesen Teil der Geschichte interessieren.
Ich hoffe das ist mir gelungen.

Johanns Kindheit und die ersten Jahre seiner Ehe

Geboren wurde Johann am 10.August 1296 zur Zeit Königs Adolfs von Nassau.
Er war der Sohn des Grafen von Luxemburg, des späteren Kaiser Heinrich VII., und seiner Gemahlin, Margarethe von Brabant.
Als erstgeborener Sohn des Grafen von Luxemburg war er dazu bestimmt, später die Regierung dieser ausgedehnten und durch. ihre geographische Lage wichtigen Grafschaft Luxemburg zu übernehmen. Aus diesem Grund versuchten seine Eltern ihn zu einem tüchtigen und fähigen Staatsmann zu erziehen. Die ersten Lebensjahre verlebte Johann glücklich mit seinen Eltern in Luxemburg, im Schloss seiner Familie.
Doch kaum aus den ersten Schuhen entwachsen, schickten seine Eltern ihn zu seiner Tante an den Hof nach Frankreich, wo man ihn die Rittersitte und die feinen Umgangsformen bei Hofe lehrte .So konnte er später gut vorbereitet die Universität in
Paris besuchen, um an ihr zu studieren. In dieser Zeit, ließ sich sein Vater in Frankfurt
einstimmig von 6 Kurfürsten zum römischen König wählen. Bereits im Alter von 14 Jahren verlieh Johanns

Vater ihm den Titel " Graf von Luxemburg" und bestimmte ihn zum Verwalter seiner Grafschaft. Der Bruder Johanns Vater, Erzbischof Balduin von Trier, stand Johann bei dieser Aufgabe mit Rat und Tat zur Seite. Balduin war ein Erzbischof der sich sowohl in der Bibel wie auch in Staatsgeschäften gut auskannte. Im Juli 1310 machte sich eine böhmische Gesandtschaft auf den Weg nach Frankfurt, um König Heinrich über die Zustände in Böhmen zu berichten. Nach einer zwölftägigen Reise trafen sich die geistlichen und weltlichen Herren in Frankfurt um über die weitere Zukunft Böhmens zu diskutieren. Unter den Anreisenden befanden sich der Erzbischof von Mainz, die Bischöfe von Straßburg, Lüttich, Speyer und Eichstätt, wie auch der Abt von Fulda. Als Richter wählte man den weltlichen Fürsten Pfalzgraf Rudolf.

Das böhmische Könighaus der Premysliden war mit dem 1306 ermordeten König Wenzel III. erloschen. Auf dessen Thron saß nun der Gemahl der ältesten Tochter Wenzels III. Heinrich von Kärnten Dieser war zwar beim böhmischen Volk sehr beliebt, aber unfähig dieses zu regieren. Heinrich von Kärnten wollte König sein und heißen, scheute aber jede Mühe, die sein Amt mit sich führte. So entschied er bei Streitigkeiten, dass meistens der Recht bekam der als letztes seine Meinung äußerte. Um seine Ruhe zu haben gab er das was man von ihm verlangte, ohne überhaupt daran zu decken, dass er bald nichts mehr habe, dass er geben könnte. Seine Finanzen und Kammern waren durch die an Österreich zu zahlenden Summen erschöpft, und die Hauptquelle seiner Einnahmen, die Bergwerke von Kuttenberg bereits von seinen Gläubigern beschlagnahmt worden. Heinrich von Kärnten regierte das Land ohne wirklich zu regieren. In allen Angelegenheiten brauchte er fremden Rat und Hilfe. Heinrich von Kärnten war außerstande zwischen Recht und Unrecht zu unterscheiden. Diese Regierungsschwäche wurde sehr oft missbraucht, so dass sich Heinrich oft gereizt und manchmal sogar grausam zeigte. Bald zeigte sein Volk keine Achtung mehr vor ihm. Heinrich wurde in Böhmen weder geliebt noch geachtet. Schließlich ignorierte man ihn völlig, ja, lachte sogar über seine Befehle. Schließlich übernahm der böhmische Adel, als Oberhaupt, Heinrich von Lipa, die Macht in Böhmen, besetzte Prag und beschlagnahmte schließlich ganz Böhmen. Nach dem Willen des Königs fragte man erst gar nicht. So erklärte die böhmische Gesandtschaft dem römischen König Heinrich VII., dass der jetzige Herrscher von Böhmen, Heinrich von Kärnten, nicht fähig sei, Böhmen zu regieren und einen Verlust der Krone zu verhindern. So beschloss das hohe Gericht die Absetzung Heinrichs von Kärnten und die Eidesentbindung aller seiner Untertanen.

Nun stellte sich jedoch die Frage, ob man besser den Bruder Heinrichs VII, Graf Walram von Luxemburg, oder den jugendlichen Johann mit Böhmen belehne. Man erklärte König Heinrich VII., dass einer Heirat Johanns mit der vier Jahre älteren Premysliden Elisabeth von Böhmen nichts im Weg stehen würde. Ja, man versprach dem König sogar, Böhmen ohne einen Schwertstreich in Johanns Hand zu bringen. Hauptredner war der Erzbischof von Mainz, Peter von Aspelt, der unter König Wenzel II. bereits acht Jahre lang (1297-1305) das Oberkanzleramt in Böhmen verwaltete. Schließlich willigte Johanns Vater ein und die Gesandtschaft reiste am 28. Juli zufrieden in die Heimat zurück. König Heinrich wünschte, dass man die

Feierlichkeiten der Trauung und der Belehnung Johanns mit Böhmen in aller Pracht und Herrlichkeit begehen möge. So wurden schon Tage vor der Trauung die Straßen und Häuser von Speyer geschmückt, wo die Zeremonie stattfinden sollte. Mit sehr lieben Worten empfingen Johanns Eltern die böhmische Prinzessin Elisabeth.

Am darauf folgenden Tag, dem 30. August 1310, wurden Johann und Elisabeth von dem Erzbischof Peter von Mainz getraut. Das ganze Volk jubelte dem jungen Brautpaar zu, und die Feierlichkeiten zogen sich über mehrere Tage hin, bis man schließlich am 21. September Abschied nehmen musste. Vielleicht ahnte Johanns Mutter, dass Johann seine Eltern nicht mehr lebend antreffen würde, denn als er sich von ihr verabschiedete, brach sie in einem wahren Weinkrampf aus. Auch Heinrich war sehr gerührt und gab Johann in die Hände der böhmischen Adligen, die ihm in der Ferne den Vater ersetzen sollten. So zog König Heinrich mit seiner Gemahlin und seinem Bruder Walram in Richtung Italien der Kaiserkrone entgegen und das frisch vermählte Paar mit einem prächtigen Heer in Richtung Böhmen, Johanns neu erworbenes Königreich.

Doch er sollte noch schwer um seinen neuen Besitz kämpfen müssen. Denn noch besaß die böhmische Königskrone der gewählte König, Herzog Heinrich von Kärnten, Gemahl der älteren Schwester Elisabeth. Dieser hatte bereits von den Plänen zu seiner Vertreibung erfahren und aus Kärnten Söldnertruppen kommen lassen, welche sich in Böhmen so schlecht benahmen, dass sie dadurch die Unpopularität des Königs noch verstärkten.

Am 18. Oktober 1310 machte sich König Johann mit seinem prächtigen Heer, unter ihnen der Erzbischof von Mainz, der Bischof von Eichstätt, der Pfalzgraf Rudolf, Herzog in Bayern, den Nürnberger Burggrafen Friedrich von Hohenzollern, die Grafen Berthold von Henneberg, Ludwig von Öttingen und Albrecht von Hohenlohe, die Herren Heinrich von Brunneck, Diethelin von Castell und viele anderen von Nürnberg aus in Richtung Eger. Am 1.November passierte es die Eger bei Radansfurt und zog von da gegen Budin, wo von Raudnic aus, sich der Prager Bischof Johann mit seinen Truppen ihnen anschloss. Man umging Prag und wandte sich zu Kuttenberg, dass man am 19.Oktober zu stürmen anfing. Doch die Bürger von Kuttenberg unter der Leitung von Heinrich von Ausenstein schlugen Johanns Heer tapfer zurück. Da man in Kuttenberg nichts erreicht hatte, zogen Johanns Truppen weiter zu dem Städtchen Kolin. Doch auch die Bürger von Kolin weigerten sich König Johann und seine Truppen die Stadttore zu öffnen.

Da der Winter in Böhmen einfiel, Tiere und Menschen unter der einfallenden Kälte Litten, beschloss man, von Kolin abzulassen und lieber gleich nach Prag weiter zuziehen um dieses zu erobern.

Am 28. November lagerte Johann mit seinem Gefolge vor den Toren Prags. Doch auch diese blieben ihm vorerst verschlossen.

Schließlich wurden Johann und seinen Männern die Lebensmittel knapp und Verzweiflung überkam die deutschen Truppen. Wieder und wieder griff Johann mit seinem Heer die Mauern von Prag an, doch diese waren zu dick und die Türme

zu hoch als man etwas ausrichten hätte können.

9

Pfalzgraf Rudolf und andere mit ihm, wollten bereits umkehren und unverrichteter Dinge in die Heimat zurückkehren, als es Johann, durch den Verrat eines Prager

Bürgers, am 3.Dezember endlich gelang die Stadt Prag zu erobern.

Heinrich von Kärnten und seine Gemahlin konnten nun endlich am 9. Dezember des Landes verwiesen werden. Es herrschte für einige Zeit Frieden in Böhmen. König Johann regierte zwar unter eigenem Namen aber unter der Anleitung des Erzbischof, Peter von Mainz und des Grafen Von Henneberg. So gewöhnte sich das Volk von Böhmen leichter an die neue Regierung und Johann und Elisabeth konnten sich am 07. Februar 1311 vom Mainzer Erzbischof im Veitsdom von Prag krönen lassen. Es war eine sehr feierliche Zeremonie, bei der nur einheimische Fürsten zugegen waren.

Eine der ersten Regierungsgeschäften Johanns war die Wiedervereinigung Mährens mit Böhmen.

Sein Vater, Heinrich VII. hatte diese Markgrafschaft 1309 den Herzögen von Österreich für 50.000 Mark Silber als Pfand gegeben. Als Gegenleistung versprach man ihm, ihm bei der Eroberung von Böhmen behilflich zu sein. Da sie dieses Versprechen, Johann bei der in Besitznahme von Böhmen zu helfen, nicht einhielten, war ein Teil der Abmachung des Darlehns nicht erfüllt.

Um neue Verhandlungen zu treffen schickte Herzog Friedrich von Österreich zwei Bevollmächtigte, Ulrich von Klingenberg und Dietrich von Pilichdorf nach Eger wo König Johann sich mit dem Erzbischof Peter von Mainz aufhielt. so schloss man am 23. März einen neuen Vertrag, den der Herzog von Österreich aber bereits 30. März zurück stellte.

Wenige Monate später reiste König Johann mit

Elisabeth, dem Erzbischof von Mainz, dem Bischof von Eichstätt und mehrerer angesehener Edelmänner nach Mähren, wo er sich mit seinen Schwager, dem Gatten der Prinzessin Magarethe traf und mit ihm Freundschaft zuschließen.

Dann reiste das königliche Paar weiter in die Stadt Brünn wo Johann einen allgemeinen Landtag einberief.

Nach dem die Stände ihm ihre Huldigung entgegen brachten,

bestätigte er, wie schon vorher in Böhmen, deren Rechte.

Doch die kurze Anwesenheit des neuen Königs konnte nicht für bleibenden Frieden in Mähren sorgen. Die Adelsfamilien Mährens waren untereinander zerstritten und viele Gegenden der Markgrafschaft von räuberischen Adligen unter deren Faustrecht gesetzt. In den folgenden Jahren musste Johann immer wieder mit seinen Heeren nach Mähren ziehen um die dortigen Friedensstörer zu Züchtigen. Doch nicht nur in Mähren hatte Johann Probleme mit dem Adel. Auch der Böhmische Adel bereitete Johanns Regentschaft Probleme.

Am meisten sträubte sich der Adel Böhmens gegen den neuen König, der so tatkräftig das Land zu regieren versuchte und genau so tatkräftig mit seinen Rittern gegen Raubritter vorging, als er dann noch die meist hohen Ämter mit Deutschen anstatt mit Böhmen besetzte.

Dies führte unter dem böhmischen Adel zu einer so großen Empörung, dass dieser sogar einen Bürgerkrieg herauf beschwor.

Doch Johann war fest entschlossen, mit allen Mitteln auf sein königliches Recht zu bestehen und wieder für Frieden im Land zu sorgen.

Der böhmische Adel hatte Johann falsch eingeschätzt; Es waren bestimmte Gründe, warum man damals König Heinrich um den noch jugendlichen Johann bat und nicht um dessen Onkel Walram:

Man wollte in Böhmen niemanden der das Land und den Adel regierte, sondern jemanden, den man selber regieren konnte.

Der damals Vierzehnjährige sollte sich in Böhmen anpassen und gemeinsam mit der Jugend des böhmischen Adels heranwachsen.

Doch Johann hatte zu viel Ehrgeiz, zu viel Tatendrang. Er war in den letzten Jahren zu einer selbständigen politischen Persönlichkeit herangewachsen.

So einfach konnte man ihn nicht aus seinem neuerworbenen Königreich vertreiben.

Als Johann den böhmischen Adel und seine Anhänger nicht mehr bändigen konnte, wandte er sich an seinen väterlichen Freund und Onkel, den Erzbischof Balduin von Trier, mit der Bitte, ihm zu helfen.

Dieser schickte Johann sogleich deutsche Truppen mit deren Hilfe, Johann wieder für Ordnung im Land sorgen konnte.

Doch der Frieden in Böhmen hielt nie lange an. Johann und seine Berater mussten immer öfter die Streitigkeiten zwischen dem Adel und den Bürger austragen.

Schließlich verleideten die immer und immer wieder ausbrechenden Unruhen in Böhmen, Johann sein neues Königreich bald ganz.

Zu seinen ärgsten Feinden unter dem böhmischen Adel gehörten Heinrich von Lipas und Johann von Wartenberg.

Doch es waren nicht nur die Zustände in Böhmen, die Johann in dieser Zeit zusetzt hatten. So erreichte ihn 1313, gerade als Johann auf der Reise zu seinem Vater war, die Nachricht von dessen plötzlichem Tod. Er starb am 24. August in Buonconvento, in Italien.

Der Tod seines Vaters bedeute auch große Gefahr für seine Herrschaft ihn Böhmen, die bis dahin noch keinen rechten Fuß fassen konnte.

Nun musste Johann beweisen, dass er auch ohne seinen Vater, eines deutsch-römischen Kaiser, im Rücken fähig war sich durch zu setzen .

Er musste sich entweder in der Nachfolge seines Vaters, der Kaiser geworden war, durchsetzen, oder zumindest die Erhebung eines Habsburgers verhindern.

Aus diesem Grund traf Johann sich bald mit seinem Berater, Peter von Mainz, um diesen um Rat zu bitten.

Bei dieser Unterredung war auch Johanns Gemahlin Elisabeth anwesend. Deshalb kann wohl davon aus gehen, dass Elisabeth ein Mitspracherecht auf die politischen Entscheidungen Johanns hatte. Leider weiß man nicht wie viel Einfluss Elisabeth auf Johann hatte, aber sie war nicht nur sehr schön, rassig und anmutig, Elisabeth war auch klug und ehrgeizig.

Da sich Johann nur noch selten in Böhmen aufhielt, war sein Thron dort sehr gefährdet. Es wäre ein Leichtes für seine Gegner gewesen, sich dessen zu bemächtigen.

Johann war sich dieser Gefahr bewusst, und ließ sich aus diesem Grund als Bewerber um die deutsche Königskrone aufstellen.

Als deutscher König hätte er genug Macht und Position, seine Gegner in die Schranken zu weisen.

Seine Bewerbung stieß jedoch bei den meisten Kurfürsten auf Ablehnung. Da Johann noch nicht volljährig war, hielt man ihn für zu jung und unerfahren.

Die Erzbischöfe von Trier und Mainz unterstützten Johann zwar bei seinem Vorhaben, wurden aber von den anders denkenden Kurfürsten, die sich in der

Überzahl befanden, eines Besseren belehrt.
So suchte man nach einem anderen Kandidaten für die deutsche Königskrone. Die Wahl fiel auf den wesentlich erfahreneren, bayrischen Herzog Ludwig. Johann hatte keine andere Wahl als sich dieser Entscheidung zu fügen. Aber noch ein Bewerber um die deutsche Königskrone ließ sich aufstellen; Friedrich von Österreich. Da keiner der beiden Rivalen die Wähler des anderen für sich gewinnen konnte, wählte man auf dem Wahltag, dem 19.Oktober 1314,in Frankfurt, zwei deutsche Könige. Einen diesseits und den anderen jenseits des Mainz.
Beide Könige sollten sich noch viele Jahre lang bekämpfen. Johann war seit dem 08.Juli 1313 Vater einer Tochter namens Margarethe. Am 20. Mai 1315 schenkte Elisabeth ihrem Gatten ein weiteres Mädchen mit dem Namen Gutta. (Bonne)
Elisabeth wurde von dem Volk verehrt und Johanns Ehe schien in diesen Jahren sehr glücklich zu sein. Jedoch sollte sein Glück nicht von langer Dauer sein

Die Zustände in Böhmen und die Schlacht bei Mühldorf

Johann hielt sich nach der deutschen Königswahl längere Zeit in Deutschland auf. Böhmen verwaltete in dieser Zeit der Erzbischof Peter von Mainz, .Doch der böhmische Adel ließ es sich nicht lange gefallen, dass Böhmen von einem Deutschen regiert wurde und es kam zu Ausschreitungen in Böhmen.
Da Johann nicht das ganze Volk gegen sich aufbringen

14

wollte, entließ er, im April 1315 die obersten deutschen Räte, Berthold Graf von Henneberg, Ulrich Landgraf von Leuchtenberg, Dieter von Castell und andere und besetzte deren Stellen mit den Einheimischen, dem Oberlandmarschall Heinrich von Lipa und dessen Freunde.

Doch dieser Regierungswechsel hatte seine Folgen:

Die früheren deutschen Minister versuchten, das Kronvermögen in sparsamer Weise zusammen zu halten und die verloren gegangenen Staatsgüter noch zu retten, in dem sie die bedeutenden Silbereinkünfte aus dem Silberbergwerk Kuttenberg teilweise zur Tilgung von Staatsschulden, teilweise zur Deckung der laufenden Kosten von Hof und

Staat benutzten.

Auf diese Weise flossen wöchentlich 5-600 Mark aus den Einkünften von Kuttenberg an den königlichen Hof.

Seit der Regierungswechsel, unter der Verwaltung Heinrichs

von Lipa waren es kaum noch 16 Mark wöchentlich.

Das Erste, was die neuen Machthaber veranstalteten, war ein Kriegszug gegen den Grafen Mathäus von Trencin, in Ungarn.

Dieser Graf herrschte mit einer solchen Macht, dass er nicht nur dem ungarischen König Karl, sondern auch Böhmen und Österreich gefährlich werden konnte.

Mehrere Schlösser an der mährischen Grenze waren ihm schon zum Opfer gefallen, so dass Johann baldigst etwas gegen den Grafen von Trencin unter nehmen musste.

So stellte Johann ein Heer zusammen und zog unter Anführung Heinrichs von Lipa am 21.Mai von Prag gegen den Grafen von Trencin.

Doch Johann konnte gegen den ungarischen Grafen

nicht vielbewirken.

Zwar war es ihm gelungen, ihm die Grenzschlösser von Mähren abzunehmen, doch hatten die ungarischen Truppen den bedeutsamen Ort Holic belagert.

Johann versuchte mehrere Male dessen Mauern zu erstürmen, als ihm dies jedoch nicht gelang, gab er den Befehl die Festung mit geheimen Stollen zu untergraben.

Aber als Graf Matthäus durchschaute was Johann vor hatte, ließ er Gegenstollen graben und diese mit Wasser füllen, so dass Johanns Arbeiter ertranken.

Matthäus umging Johanns Truppen, und griff sie mit seinem kampfgeübten Männern an.

Die Böhmen, welche von diesem Angriff so überrascht waren, versuchten zu fliehen. Nur mit dem Einsatz Heinrichs von Lipa, der die Böhmen mit Wort und Tat zur Umkehr zwang, sie zum Angriff sammelte und sie gegen die Haufen der Ungarn führte, konnten die Ungarn in die Flucht geschlagen werden.

So musste schließlich der Graf Matthäus von Trencin bei Johann um Frieden bitten und Johann kehrte am 25.Juli mit seinen Truppen nach Brünn zurück.

Doch das Verhältnis Johanns zu Heinrich von Lipa spannte sich immer mehr, zumal Johann die Schuld seines geringen Erfolges bei dem Kreuzzug Heinrichs ungerechter Weise Heinrichs zusprach.

Es mag König Johann auch nicht gefallen haben, dass Heinrich von Lipa weit über seine Verhältnisse zu leben schien.

Sein Hof überstrahlte in Größe und Glanz, den königlichen Hof Johanns. Auch war er in der Anzahl des ritterlichen Gefolges bei weitem überlegen.

Johann musste um seine Stellung in Böhmen fürchten.

Doch es war nicht nur Johanns Groll gegen Heinrich von Lipa der den endgültigen Bruch der beiden Häuser verursachte.

In Böhmen lebten dieser Zeit zwei Königinnen: Elisabeth, Johanns Gemahlin, und die Gräzer Königin, Witwe Wenzel II. und Rudolf I.

Heinrich von Lipa war der Gräzer Königin sehr zugetan. Als nun diese ihre Tochter Agnes, ohne Wissen und gegen den Willen Elisabeths, aber mit Zustimmung Heinrichs von Lipa, mit dem jungen Herzog Heinrich von Jauer, königlicher Reichsverwalter, verlobte, wurde dies als Hochverrat des gleichen interpretiert und dieser seines Amtes enthoben.

Schließlich redete man Johann und Elisabeth ein, dass ihnen von Seiten Lipas Gefahr drohe und schürte so den Verdacht, dass es sich bei Heinrich von Lipa um einen Hochverräter handele. Dies musste zu einem Bruch zwischen dem König und seinem Hofmarschall führen.

Schließlich veranlasste Johann am 26. August den beim Volk beliebten Baron Zajic von Waldek mit der Verhaftung Lipas. Doch dies schürte den Groll, den der böhmische Adel

Ohnehin schon gegen das Königspaar nur noch mehr und die Kämpfe in Böhmen brachen erneut aus.

Da Johann bemüht war, schnell wieder für Frieden im Land zu sorgen, bat er Ludwig den Bayern, einer der deutschen Könige, um Hilfeleistung.

Doch dieser benötigte zu diesem Zeitpunkt selber Hilfe. So wandte sich Johann an seinen Oheim Balduin von Trier und an den Erzbischof Peter von Mainz. Diese bemühten sich rasch den Frieden in Böhmen wieder herzustellen.

Johann hatte die Streitigkeiten in Böhmen bald satt. Er wäre lieber ausgezogen in die auswärtigen Kriege um sich dort auf der Suche nach großen Abenteuern und Heldentaten zu beweisen.

So des Kampfes in Böhmen überdrüssig, befahl Johann am 17 April 1316 die Freilassung von Heinrich Lipas in der Hoffnung, dies würde sich positiv auf die Friedensverhandlungen zwischen dem Königshaus und dem böhmischen Adel auswirken.
Doch wieder hielt der Friede in Böhmen nicht lange an.
Aber noch ein anderes Ereignis sorgte für Aufregung in Böhmen: Die Geburt des Thronfolgers. Man begrüßte die Geburt des Knaben mit allgemeinem Jubel, zumal die ersten beiden Kinder des Königspaares Töchter waren.
Der Knabe, der am 14. Mai 1316 das Licht der Welt erblickte, wurde am Pfingstfest von dem Erzbischof von Mainz, Peter von Aspelt, auf den Namen "Wenzel" getauft.
(Er behielt jedoch später seinen Firmennamen "Karl" bei und ging als solcher in die Geschichte ein.)
Johann war in dieser Zeit kaum noch in seinem Königreich anzutreffen. Die immer wieder ausbrechenden Unruhen dort hatten ihm sein Land ganz und gar verleidet. Er kam nur noch nach Böhmen zurück wenn es unbedingt erforderlich schien oder er sich in Geldschwierigkeiten befand. Die Treulosigkeit des böhmischen Adels und die immer
Fortwährende Kämpfe machten ihm die Krone zu Last, so dass er sogar im April 1318 versuchte, Böhmen gegen die Rheinpfalz einzutauschen. Doch durch einen Aufstand des Adels und den Widerstand seiner Frau musste er diesen Plan wieder aufgebe. Durch diese Ereignisse befand sich Johann bald in einem inneren Zwiespalt.
Seit dem Tode seines Vaters stand Johann auch noch zwischen den beiden deutschen Königen die sich bereits seit Jahren bekämpften:

Dem Herzog Ludwig von Bayern und dem Herzog Friedrich von Österreich.
Schließlich sollte eine Schlacht eine endgültige Entscheidung bringen, wer der beiden deutschen Könige Alleinregierender sein sollte. :
Die Schlacht bei Mühldorf.
Da sich Johann schon oft in Kreuzzüge und Schlachten als fähiger Heerführer bewiesen hatte und Ludwig der Bayer dies wusste, bat er Johann, ihm in dieser Schlacht zu helfen.
Am 28. September 1322, dem Tage der Schlacht, stellte Johann mit den Seinen, nachdem er sich in der heiligen Messe mit der heiligen Kommunion gestärkt hatte, einen Schlachtplan auf. Ludwig der Bayer und Johann von Böhmen standen 1800 Reiter, 4000 Bogenschützen und eine große Zahl von Fußvolk zur Verfügung.
Friedrich dem Österreicher und seinem Schlachtenhelfer, Heinrich von Habsburg, hatten nur 1400 Reiter, aber 5000 Ungarn und Heiden, so wie eine ungeheure Zahl an Fußvolk.
Den Truppen von Johann und Ludwig wollte sich eigentlich noch der Burggraf von Nürnberg anschließen.
Da er mit seinen Truppen jedoch noch nicht anwesend war, hatte Johann große Zweifel ob es ohne ihn zu einem Sieg reiche.
Johann, als Heerführer von Ludwigs Truppen, stellte sich an die Spitze der Reiterschaft als der Kampf begann.
Friedrichs Heer war in vier Schlachtenhaufen geordnet, Ludwigs in drei.
Auf beiden Seiten wehte das Reichsbanner.
Friedrich stand an vorderster Reihe seiner Truppen in voller königlicher Rüstung, während Ludwig in einfacher Kleidung aus strategisch günstiger Stellung den Einsatz seiner Truppen lenkte.

19

Als die kampfbereiten Truppen aufeinander stürzten, warf sich Johann mit seinen Böhmen und Trierern auf die ersten Reihen der Österreicher.

Doch der ungestüme Angriff Johanns war vergeblich. Johann stürzte und fiel unter das Pferd des Marschalls von Pillichdorf wo ihn ein ungenannter Ritter hervor zog und ihm aufhalf.

Diesem Edelherrn verdankte Johann sein Leben. Wieder setzte der Kampf ein.

1100 Krieger und 3000 Pferde bedeckten blutend und sterbend das Schlachtfeld. Johann hatte selber bereits 500 Männer verloren.

Der Kampf zog sich schon mehrere Stunden hin als Johann mit frischen und gestärkten Truppen eine Anhöhe erstürmte. Das Fußvolk von Ludwig wich bereits immer mehr zurück und konnte nur noch mit viel Mühe in den Kampf zurück geschickt werden, als Johann die feindlichen Reihen der Österreicher umging, um sie erneut im Rücken anzugreifen. Diese hielten Johann mit seinen Truppen für ihren Verbündeten, Herzog Leopold, und glaubten er sie es der ihnen zu Hilfe eilen würde.

Doch sie wurden bitter enttäuscht. Wieder setzte der Kampf ein. Er tobte noch heftiger und unerbitterlicher denn je. Immer wieder griff Johann mit seinen Truppen die Österreicher an, bis deren Banner schließlich sank und sie unterlagen.

So hatte Johann ganz entschieden zum Sieg des Bayern beigetragen.

Johann zeichnete sich in dieser Schlacht durch seine große Tapferkeit und seine geschickte Führung aus.

Das kriegerische Böhmen

Während sich Johann immer öfter in Deutschland aufhielt, hatte seine Frau Elisabeth bald die Rolle einer Regentin in Böhmen übernommen. Doch sie hatte sich viele Sympathien unter dem böhmischen Volk verscherzt. Denn als man versuchte die Streitigkeiten zwischen dem Könighaus und dem Adel beizulegen, ja, Lipa sich sogar selber zur Königin begab um diese um Verzeihung zu bitten, stand man bei ihr vor verschlossenen Türen. Man wusste schließlich nicht mehr, wie man noch zu einer friedlichen Einigung kommen sollte und veranlasste Elisabeth, ihren Gatten ins Land
zurückzurufen um ihr zu helfen.
Als Johann am 12. November 1317 mit zweihundert Mann bei Elisabeth eintraf, hatten sich dort bereits zahlreich Barone, so wie der Bischof Johann von Prag eingefunden, um
ihre Hilfe anzubieten. So begab man sich eine Woche später nach Prag und versuchte sich dort mit dem böhmischen Adel zu verständigen, um dadurch einen gütlichen Ausgang der Streitigkeiten zu finden.
Leider ohne Erfolg.
In den folgenden, vier Monate andauernden Kriegen wurde Böhmen total verwüstet.
Der Adel verbündete sich mit Johanns Feinden, die man in den Reihen der Habsburger finden konnte. Johann hingegen stand ziemlich alleine da. Seine Lage schien schlimmer als je zuvor. Schlimmer noch als die des Heinrich von Kärnten je gewesen zu sein schien. Nun war es an Johann, etwas zu tun, um Schlimmeres zu

vermeiden.

Als Lipa nun mit seinem Heer bei Johann um Gnade bat, beschloss man einen Waffenstillstand. Abermals schien der Frieden in Böhmen eingekehrt. Diesmal waren es die Folgen des Krieges die Johann zu schaffen machten. Böhmen wurde von einer Hungersnot und der Pest heimgesucht.

Johann zog sich aus Böhmen wieder zurück und weilte immer öfter in seiner Grafschaft Luxemburg, wo er sich wesentlich wohler fühlte. Auch wenn er fern von Luxemburg war, lag ihm sein Stammland sehr am Herzen. Er versuchte stets Luxemburg zu fördern. Um seine Hausmacht in der Grafschaft zu stärken und sich größeres Ansehen zu verschaffen, kaufte er Burgen und Güter auf und gab diese seinen treuen Adelsgeschlechtern als Lehen.

Das Volk von Luxemburg verehrte Johann sehr. Dort war er stets willkommen und nicht wie in Böhmen nur geduldet. Johann versuchte ein gerechter Herrscher zu sein.

So ließ er Arme und Waise beschützen und verfolgte Raubritter und ähnliches Gesindel und führte es seiner gerechten Strafe zu. Die Wälder Luxemburgs waren so sicher,

dass sich sogar Frauen und Kaufleute unbeschadet darin aufhalten konnten. Wo er konnte unterstützte er dieses Land, denn er liebte die Zuneigung die ihm sein Volk entgegen brachte.

Immer wenn er von Kriegen und Schlachten ausgelaugt zu sein schien, kehrte er dorthin zurück.

Luxemburg lag Johann so sehr am Herzen, dass er es sogar in seinem Testament bedachte.

So ordnete er an:

   1. dass man ihn, wo er auch sterben möge, in der

Abtei Clairefontaine beisetze,
2. alle Schulden, die er in Luxemburg gemacht hätte, pünktlich zu bezahlen seien, damit niemand in Luxemburg durch ihn Schaden hätte,
3. dass alle Einkünfte von dem Rheinzoll in Bacharach und seinen Burgen am Rhein seiner Grafschaft Luxemburg zufallen sollten.

So sorgte Johann noch über den Tod hinaus für das Wohlergehen Luxemburgs.

Johann konnte viele erfolgreiche Kriege führen um Luxemburg neue Gebiete zuzuführen.

Johanns Kämpfe gegen Litauen, Metz, Polen, Oberitalien und wieder Litauen.

Im Jahre 1323 rüstete sich Johann zu einem Kreuzzug gegen die heidnischen Litauer, die in den Sümpfen zwischen der Weichsel und dem Dnjepr lebten. Er vereinigte sein luxemburgisch-böhmisches Heer und besiegte mit Hilfe des deutschen Ritterordens die Litauer. Nach dieser Schlacht konnte Johann sich über mehr als 3000 Litauer erfreuen, die sich taufen ließen. Den größten Teil des neuerworbenen Landes schenkte Johann dem Orden.

Krieg gegen die Stadt Metz:
Die Stadt Metz hatte sich in den damaligen Streitigkeiten der beiden deutschen Könige neutral gehalten, was beide Parteien erzürnte. Als Johann sich mit Balduin von Trier dazu entschloss, gewaltsam gegen die reichen Bürger der Stadt Metz vorzugehen, entschieden sich die Herren, Graf Friedrich von Lothringen und Graf Eduard

23

von Bar dazu, sie bei ihren Plänen zu unterstützen.
So traf man sich zu einer Zusammenkunft in der Stadt Thionville, um dort die vier Grenznachbarn der Stadt zu vereinigen.
Balduins Heer zählte 300, Johanns 700, Friedrichs und Eduards Heer je 500 bewaffnete Reiter.
Außerdem verpflichteten sich Johann, Friedrich und Eduard dazu, soviel Fußvolk zu stellen wie es ihnen möglich war.
Man wollte Metz so einschließen, dass es den Bürgern nicht mehr möglich war, Lebensmittel in die Stadt zu bringen. Die Bürger von Metz schlugen vergeblich Verhandlungen vor, und als die Sache aussichtslos schien, stellten sie den Grafen
von Saarbrücken, den Herrn von Bitsch, den Pfalzgrafen vom Rhein und mehrere Hauptleute mit Soldknechten in Dienst.
Zusammen ein 700 Mann starkes Herr.
Dazu stellte die Stadt selber noch 800 bewaffnete Reiter und rüstete ein zahlreiches Heer von Fußvolk.
So gerüstet fühlte man sich sicher hinter den dicken Mauern der Stadt.
Erneut traf man sich zu Verhandlungen. Wieder ohne Erfolg. Eine kriegerische Auseinandersetzung schien unvermeidbar.
König Johann und Graf Eduards von Bar lagerten mit ihren Männern am 16. September 1324 bei Mancourt, zogen dann auf dem rechten Moselufer nach Malleroh und begannen den Krieg.
In der Zwischenzeit war auch Balduin von Trier mit seinen Truppen zu ihnen gestoßen. Vereint näherte man sich der Stadt Metz, bis man nördlich der Stadt ankam. Wieder und wieder versuchte man die Mauern der Stadt zu erstürmen, ohne Erfolg.

24

Ja, man musste sogar mit den Kanonen die der Herr von Bitsch einsetzte, weichen.

Da der Angriff auf der Nordseite der Stadt gescheitert war, zog man sich nun auf die Südseite, gelangte dann über die Mosel nach Moulins, wo man acht Tage verweilte. In dieser Zeit wurde die dortige Gegend total verwüstet, Gefangene wurden gemacht und Kirchen und Klöster in Brand gesetzt. Doch die Bürger von Metz gaben nicht nach, sosehr sie auch darunter litten. Sie hielten aus.

Schließlich mussten Johann und seine Begleiter einsehen, dass sie die Stadt nicht erstürmen konnten, wie es eigentlich gedacht war.

Um Schlimmeres zu vermeiden wandten sich die Bürger von Metz an ihren Bischof Heinrich, mit der Bitte, Friedensverhandlungen einzuleiten.

Die von den vier Fürsten gestellten Forderungen waren jedoch so hoch, dass der erste Versuch scheiterte.

Am 03. März 1325 kamen endlich die ersten Friedensverhandlungen zustande. Es dauerte aber noch ein ganzes Jahr, bis der Friede wieder hergestellt war.

Die Zustände in Böhmen in dieser Zeit:
Da die auswärtigen Schlachten Johann für lange Zeit fern von Böhmen hielten, herrschten dort die Mächtigsten mit roher Gewalt. Jeder befolgte die von Johann erlassene Gesetze nur in sofern und so lange sie ihm von Vorteil waren. Böhmen war zu dieser Zeit ein unregiertes Land dass sich selber überlassen schien. Jedermann konnte tun und lassen was er wollte und so wurden Teile von Böhmen im Laufe der Zeit durch die immer wieder blutigen Fehden total verwüstet. In vielen Orten machte sich Räubergesindel breit, so dass sich die Bürger nicht mehr ihres Leben sicher waren und die

Gegend verließen.

Königin Elisabeth und ihre Kinder, Magarethe, Guta, Johann, Heinrich und Anna lebten in dessen zuerst in der Prager Burg, später in Melnik, ohne jeden königlichen Komfort, nur mit dem Notwendigsten.

Als Johann nun am 3. Januar überraschend nach Böhmen zurückkehrte, war es nicht Freude darüber, was das böhmische Volk bewegte, sondern Angst. man wusste, Der König würde mit harter Hand die kurze Zeit in der er sich in seinem Königreich befand, regieren, aber dies würde nicht ausreichen, für endgültige Ruhe und Ordnung im Land zu sorgen. Jedermann wusste, sobald der König sich in Böhmen genug Geld für seine weiteren Abenteuer in der Welt besorgt hätte, würde er das Land wieder verlassen und erst wieder kommen, wären seine Mittel erschöpft. Doch das böhmische Volk hatte nicht mehr viel, was es noch hätte geben können.

Die wohlhabenden Kaufleute hatten das Land bereits aus Angst um ihre Güter verlassen. Alles was man noch besaß, fiel entweder den Räubern in die Hände oder war gebrandschatzt worden. Johann ließ erst Münzen, mit einem sehr geringen Silbergehalt prägen, als dies nicht ausreichte, wurde das ohnehin schon gebeutelte Volk, das teilweise an einer Hungersnot litt, nun auch noch mit neuen Steuern geplagt.

Der Grund dieser Steuer, war der königliche Erwerb von Schlesien dass das seit fast zwanzig Jahren getrennte Polen wieder mit Böhmen vereinigte.

Seit dem Tod König Wenzel II. war die böhmische Herrschaft in Polen gefährdet. Zwei Herrscher bemächtigten sich Polens; einerseits Wadislaw Lokietek im Krakauischen, andererseits erhob der Herzog Heinrich von Glokau Ansprüche auf Polen.

Nach dem Tode Heinrichs von Glokau (9. Dez. 1309)

war die Macht von Wadislaw Lokietek stark gewachsen und niemand machte ihm diese streitig. Alles was dem Herrscher Polens noch fehlte war die königliche Würde und die Krone.

Böhmen hatte in den letzten Jahren genug mit sich selber zutun, als das es, auf das zwischen Böhmen und Polen gelegene Schlesien hätte seine Ansprüche erneuern können.

Nun war es Johann der sich mit dem Gedanken beschäftigte, Schlesien zur böhmischen Krone zurückzuholen und, sollte es ihm gelingen, sich Polens zu bemächtigen.

So zog Johann mit seinem Heer zunächst in Richtung der Stadt Krakau, von der er wusste, dass diese dem neuen Polenkönig Wadislaw Lokietek als Residenz diente. Die in Oberschlesien ansässigen kleineren Herzöge, durch deren Land er musste, hatten keine andere Wahl als sich entweder gleich den Böhmen zu untergeben, oder sich dessen Angriffen zu erwehren. Doch dazu fehlte ihnen die Macht und so unterwarfen sich Johann, ohne jede Gegenwehr. So zog Johann mit seinem Heer ungehindert nach Brünn und von dort weiter nach Troppau, was sich ihm am 18. Februar 1327 unterwarf und ihn huldigte.

Die ersten Herzöge die Johann würdigten waren der Herzog Bolek von Oppeln auf Falkenberg und Kasimir von Teschen.

An nächsten Tag Wladislaw von Kosel und am 24.Februar Herzog Johann von Ausschwitz. Sie übergaben die Herrschaft ihrer Länder Johann und erhielten diese als Lehen zurück. Als Johann mit seinen Männern vor Krakau zog, eilten ihm von dort Boten mit Briefen von Karl Robert von Ungarn entgegen, in den dieser eindringen Johann bat, von Feindseligkeiten gegen Polen abzusehen, da er jede Kränkung die seinem Schwiegervater, Wladislaw Lokietek, widerfahre als seine eigene ansehen müsse.

Als Zeichen seiner Freundschaft zu Böhmen bot der ungarische König Johann seinen Sohn, den Prinzen Ladislaw als Verlobten für Johanns Tochter.

Auch die Niederschlesier unterwarfen sich, wie schon zuvor die Oberschlesier, dem Böhmenkönig. Als erste ergaben sich die drei Söhne des Herzogs Heinrich V. von Breslau Boleslaw III. von Liegnitz und Brieg, König Johanns Schwager, Heinrich VI. von Breslau und Herzog Wadislaw. Johanns italienische Abenteuer Als Johann nach diesem Krieg den Frieden in seinem eigenen Königreich wieder herstellen und sichern musste, erreichte ihn dort ein Hilferuf aus Italien.

Dort wütete seit dem Tod seines Vaters, ein furchtbarer Bürgerkrieg, der dieses schöne Land in eine Wüste zu verwandeln drohte. Nun endlich wandten sich die Bürger der Stadt Brescia in ihrer Not an Johann mit der Bitte um Hilfe.

So zog dieser 1330 mit einem Heer nach Oberitalien in der Absicht, dort für seinen Sohn, den 1322 geborenen und auf den Namen Johann-Heinrich getauften, ein neues Königreich zu gründen.

Nachdem Johann den Frieden in Brescia wieder hergestellt hatte, begaben sich auch viele andere Städte Italiens unter seinen Schutz. Doch dringende Reichsangelegenheiten in Böhmen wie auch in Deutschland riefen Johann zurück, so dass er seinen ältesten Sohn Karl, den er nach Italien mitgenommen hatte, dort als Statthalter zurückließ.

Johann selbst reiste eilig in Richtung Alpen.

In der Zwischenzeit verstarb Johanns Gemahlin Elisabeth.

Obwohl Johann von dem Tode seiner Gemahlin erfuhr, reiste er nicht zur Beisetzung Elisabeths nach Böhmen, sondern kehrte erst 1331, elf Monate später nach Prag zurück.

Vier Jahre Später, 1331, heiratete Johann ein zweites Mal:

Beatrix von Bourbon.

Doch auch während dieser Ehe war das Leben für Johann ein einziger Kampf, im Leben wie auch auf dem Schlachtfeld.

So zog Johann mit dem Herzog von Brabant und dem Herzog Otto von Österreich und Kärnten ein zweites Mal in einen Kreuzzug gegen die Litauer. Wieder mit einem riesigen Heer von Luxemburger und Böhmen, bei denen sich auch sein Sohn Karl befand.

Karl war in vielen Eigenschaften seinem Vater sehr ähnlich.

Auch er wurde am französischen Hof erzogen und bewährte sich bereits in vielen Kreuzzügen.

König Johann erblindet

Nach diesem Kreuzzug gegen die Litauer litt Johann, der schon in seiner Jugend Probleme mit der Sehkraft hatte, sehr an den Augen.

Es waren die Folgen einer Augenentzündung, die er sich in den Sumpfgebieten bei den Litauern zugezogen hatte, die ihm diesmal zu schaffen machten.

Schließlich begab sich Johann zu einem Augenarzt nach Breslau, einem Franzosen. Doch dieser konnte Johann nicht helfen, verschlimmerte sogar seine Schmerzen und sein Leiden so sehr, dass Johann ihn in einen Sack binden ließ und man ihn auf Johanns Befehl ertränkte.

Wieder nach Prag zurückgekehrt, begab er sich nach Montpellier um die dortige berühmte Anstalt aufzusuchen, in der Hoffnung, dass man ihm dort Linderung verschaffen konnte.

Doch anstatt ihm helfen, brachte man ihn um sein restliches Augenlicht.

Es war nicht leicht für Johann, mit dieser plötzlichen Behinderung zurecht zu kommen. Er wusste, es würde eine Menge Feinde geben, die seine Einschränkung ausnutzen
versuchen würden.

Doch er war zu stolz um sich in einer Ecke zu verkriechen.

Nein, selbst der gänzliche Verlust seiner Sehkraft, konnte den Heldensinn dieses Mannes nicht schmälern.

Er ertrug sein Leid ohne viel Aufhebens darum zu machen.

Anfangs versuchte er seine Blindheit so gut es ging zu verbergen, indem er bei Empfängen und Ähnlichem ein Buch oder einen Brief vor das Gesicht hielt und so tat, als lese er darin.

Ja, er erschien sogar bei seinen geliebten Turnieren in vollem Harnisch mit geschlossenem Visier in der Haltung eines Zuschauers und spendete dem Sieger Beifall, als hätte er den Sieg sehen können.

Doch so sehr er sich auch bemühte, konnte er die Wahrheit nicht lange geheim halten.

So nannte man ihn nun "den Blinden König"

Johanns Kämpfe gegen Kaiser Ludwig und dem Polenkönig Kasimir.

Johanns Sohn Karl wird römischer König und später

30

Kaiser.

Beatrix, Johanns weite Gemahlin, schenkte ihm am 25.Februar 1336 einen Sohn namens " Wenzel" welchem Johann später die Grafschaft Luxemburg vererbte.

Da Johann stets an das Wohl Luxemburgs dachte, richtete er am 20.Oktober 1336, um den Handel und den Wohlstand in Luxemburg zu sichern und zu fördern, die bis heute noch bestehende Schobermesse (damals Bartholomäusmesse genannt)

ein. (Johanns Vater erhielt die Genehmigung zur Einrichtung einer solchen Messe bereits 1295 von König Adolf von Nassau) Diese dauerte acht Tage und wird heute noch an der gleichen Stelle abgehalten.

Doch wieder zwangen die Ereignisse Johann, trotz seiner Blindheit zum Schwert zu greifen.

Denn sein jüngster Sohn aus der Ehe mit Elisabeth, Johann-Heinrich, war von seiner Gemahlin, Margarethe Maultasch, Tochter des Herzogs von Kärnten und Tirol, welche Johann-Heinrich mit Rohheiten gequält haben sollte, kurzerhand des Landes gewiesen worden.

Da diese ein Jahr später den Sohn Kaiser Ludwigs von Bayern, den Markgrafen Ludwig von Brandenburg, heiratete ohne dass die Ehe mit Johann-Heinrich von der Kirche gelöst

worden war, führte dies zu einem Bruch der beiden Häuser Luxemburg und Bayern, wobei sich der neugewählte Papst Clemens VI. entschieden auf die Seite der Luxemburger stellte.

Noch vor dem Ausbruch der Feindseligkeiten traf Johann, trotz seiner Blindheit zum dritten Mal einen Kreuzzug gegen die Litauer an.

Persönlichkeiten wie sein Sohn Karl, der junge König

Ludwig von Ungarn, ein Herzog aus Bourbon aus Frankreich, Graf Wilhelm IV. von Holland, Graf Günter von Schwarzburg und eine große Anzahl von Ritter und Grafen begleiteten ihn.

So zog wohl das prächtigste Heer nach Preußen, welches man je sah. Doch wieder vereitelte das Wetter den Erfolg des Kreuzzuges. Wie schon beim zweiten Zug gegen die Litauer hatte man wieder Pech mit einem zu warmen Winter, der die Sümpfe nicht zufrieren ließ, so dass man auch dieses Mal unverrichteter Dinge abziehen musste.

Unterdessen war es Kaiser Ludwig von Bayern gelungen, König Kasimir von Polen, dessen Neffe, Bolko von Schweidnitz, den König von Ungarn, den Herzog von Österreich und den Markgrafen Friedrich von Meißen zu einem Bund gegen den blinden Böhmenkönig zu vereinigen.

Daraufhin, im Sommer 1345, bekam Johann sieben Fehdebriefe.

Man nahm an, dass man mit dem alten, blinden Mann leichtes Spiel hätte und lehnte deshalb jede Bitte Johanns um Waffenstillstand ab.

So viel Unritterlichkeit löste in Johann einen wahren Groll aus und er rief empört "In Gottes Namen, je mehr Feinde, desto größer die Beute. Ich schwöre aber bei unserem Herrn Jesus Christus, dass ich den Ersten der mich angreift, so zu Boden schmettern werde, dass alle anderen darauf erschrecken werden!"

König Kasimir von Polen war der Erste, der es wagen wollte.

Dieser vereinigte sich mit Ungarn und fiel in das Gebiet Herzogs Nikolaus von Troppau in Böhmen ein. Als er nun die Stadt Saar belagerte, brach Johann sofort mit seinem Heer auf und schlug das polnische Heer fast vollständig.

Nachdem der Rest des Heeres sich in die Stadt Krakau zu König Kasimir flüchtete, schloss Johann die Stadt ein und belagerte sie. Um weiteres Blutvergießen zu vermeiden, forderte König Kasimir Johann zu einem Zweikampf. Bedingung war jedoch, dass man sich zu zweit allein in einer Stube einschließen lassen sollte. Johann nahm sofort an und gab Kasimir eine gebührende Antwort.

"Dass sich Kasimir zuvor die Augen ausstechen lassen sollte, um mit gleichen Waffen zu kämpfen!"

Der Polenkönig war durch die Antwort Johanns so beschämt, dass er diesen um Frieden bitte musste. Dem folgten dann auch die anderen.

Am 13.April erließ der Papst Clemens VI. eine Bulle gegen Kaiser Ludwig, worin er diesen für Rechtlos erklärte und die Kurfürsten aufforderte, einen neuen König zu wählen.

Was am 11. Juli 1346 auch prompt geschah. Man wählte an Stelle Ludwigs Johanns Sohn Karl, den Markgrafen von Mähren, der jetzt römischer König und später Kaiser wurde.

Für Johann, dem selbst als Sohn eines römischen Kaisers die Kaiserkrone versagt geblieben war, ging damit ein Herzens Wunsch in Erfüllung. Denn nun konnte er die Krone wenigstens auf dem Haupt seines Sohnes sehen.

Aber nun sollte sich auch Johanns Schicksal erfüllen, in seiner zweiten Heimat Frankreich.

Die Schlacht von Crecy

Nicht nur die Liebe zu jenem Land war es, sondern auch die verwandtschaftlichen Bindungen fesselten Johann an Frankreich.
Nachdem der französische König Karl IV. der Gatte von Johanns Schwester Maria, verstarb, starb das Geschlecht der Kapetinger in gerader Linie aus. Die französische Krone ging nun an den nächsten Verwandten, Philipp VI. von Valois, dessen ältester Sohn und Thronerbe Johann, Herzog der Normandie, die Tochter Johanns von Böhmen, Bonne zur Gattin genommen hatte.
König Eduard III. von England behauptete jedoch als Schwestersohn des verstorbenen Franzosenkönigs Karl IV. nähere Ansprüche auf den Thron und die Krone Frankreichs zu haben. So schloss er ein Bündnis mit den reichsten Städten Flanderns unter der Führung Jakobs von Artevelde, sowie mit dem deutschen König Ludwig.
Schon seit 1340 nahm der englische König Eduard den Titel eines König von Frankreich an.
Sechs Jahre später, 1346, beschloss er den Hauptschlag gegen Frankreich zu führen; er landete mit einem beträchtlichen Heer im Hafen von La Hogue und zog durch die Normandie bis vor die Tore der Hauptstadt.
In seiner Not wandte sich König Philipp IV. von Frankreich an seinen Freund und Verwandten Johann mit der Bitte um Beistand.
Als Johann die Nachricht von Philipp bekam und um dessen Not wusste, rief er aus; "Obwohl ich blind bin habe ich den Weg nach Frankreich nicht vergessen. Ich

34

muss hin, um meinen lieben Freunden und die Kinder meiner Tochter zu verteidigen, die der Engländer mir rauben will!"

500 Luxemburger und Böhmen begleiteten Johann und seinen Sohn Karl nach Paris.

König Eduard von England zog darauf hin nach Norden, überschritt am 16. August 1346 die Seine bei Poissy, und nach den Gefechten bei Granvillers und Pont-Remy gelang es ihm, am 24. August trotz des starken Wiederstandes der Franzosen nun auch die Somme zu überschreiten. Schließlich sollte es auf den Feldern von Crecy zur Entscheidungsschlacht zwischen den Engländern und den Franzosen kommen.

Es hatte in der Nacht vor der Schlacht sehr stark zu regnen angefangen, und die Felder, auf der die Schlacht stattfinden sollte, waren am Tag darauf durchgeweicht.

Am frühen Morgen des 26. August 1346, ein Samstag, besuchte König Eduard III. von England mit seinem sechzehnjährigen Sohn, dem Prinzen von Wales, die heilige Messe, um Gott um Beistand für die bevorstehende Schlacht zu bitten.

Eduard hatte ein fast 30.000 Mann starkes Heer, unter denen sich 2.000 Bogenschützen befanden.

Diese Bogen aus Eibe und Ahorn besaßen eine Länge von über zwei Metern und gaben den Pfeilen, die fast einen Meter Länge maßen, große Wucht im Aufprall.

Jeder dieser Bogenschützen -es waren die kräftigsten im Aufgebot- war in der Lage, in etwa einer Minute sechs gezielte Schüsse auf einer Entfernung von 200 Yards = 183 m, abzugeben.

Nachdem Eduard selbst die Stelle, an der die Schlacht stattfinden sollte, ausgesucht hatte, stellte er nun seinen Schlachtplan auf.

Das erste Treffen befehligte der junge Prinz von Wales.

Unter seinem Befehl standen 6.200 Männer.

Da der Prinz an diesem Tag einen schwarzen Harnisch trug, nannte man ihn von da an " den schwarzen Ritter".

Das zweite Treffen war 5.200 Mann stark und wurde von den Lords von Arundel und Northampton befehligt.

Das dritte Treffen führte Eduard schließlich selber. Es setzte sich aus 6.000 Fußknechten und 1.500 berittenen Men-at-arms (vollständig geharnischten Ritter) zusammen.

Eduard selber war in grünem Samt mit goldenen Tressen gekleidet und ungeharnischt. er ritt auch nur ein leichtes Pferd.

Nachdem er die Schlachtordnung hergestellt hatte, stärkten sich seine Truppen mit einer Mahlzeit und legten sich auf den Boden um sich auszuruhen um bei der bevorstehenden Schlacht frisch und gestärkt zu sein.

Auch das französische Heer besuchte an diesem Morgen die heilige Messe, um bei Gott Beistand für die bevorstehende Schlacht zu erbitten.

Das Heer der Franzosen bestand aus ungefähr 135.000 Mann (sechs Mal mehr als das der Engländer)

Davon waren 100.000 Mann zu Fuß, 2.000 Geharnischte zu Pferde und 1.500 Armbrustschützen.

Unter dem Gefolge des französischen Königs Philipp befanden sich neben dem Böhmenkönig Johann und seinem Sohn Karl auch die Könige von Mallorca und Nevarra, der Graf von Flandre, Graf von Saarbrücken sowie der Herzog von Lothringen und der Graf von Savoyen. Außerdem zahlreiche Prinzen des königlichen Hauses von Frankreich, Vertreter des höchsten Adels, wie die Kirchenfürsten Jean de Vienne, Erzbischof von Rheims und Hugues, Abt von Corbie.

Nachdem den französischen Heerführern mehrere falsche Nachrichten über den Verbleib der Engländer berichtet wurden, schickten sie ihr Heer lange Zeit auf die Suche nach Königs Eduards Truppen, so dass sie erst am späten Nachmittag auf dem Schlachtfeld bei Crecy ankamen. Dadurch war der größte Teil des französischen Heeres bereits vor der eigentlichen Schlacht stark ermüdet.

So schickte König Philipp von Frankreich den kriegserfahrenen Ritter, Mönch von Basel aus, um die Stellung der Engländer zu erkunden. Bei seiner Rückkehr riet der Ritter dem französischen König, sein Heer erst einmal ausruhen zu lassen und die Schlacht auf den nächsten Tag zu verschieben.

Philipp nahm diesen gut gemeinten Rat an, und so wurden gleich zwei Marschälle ausgeschickt, um die Nachricht unter seinen Heeresführern zu verbreiten. Doch nur die ersten Reihen hörten den Befehl des Königs. Alle nachfolgenden Truppen marschierten weiter in Richtung Feind, so dass auch die ersten Reihen den Marsch wieder aufnehmen mussten. Die Begleiter des Königs versuchten zwar die Marschierenden Truppen aufzuhalten, doch es war bereits zu spät. Denn als König Philipp nun selber die ersten Reihen der Feinde erblickte, vergaß er alle gut gemeinten Ratschläge des Ritters, sowie die Regen der Klugheit und gab den Befehl, das Heer möge sich zum Kampf ordnen.

Das erste Treffen bestand aus 6.000 genuesischen Armbrustschützen und anderen Italienern unter dem Befehl der Admirale Carlo Grimaldi und Anton Doria in der Gemeinschaft mit König Johann von Böhmen und dessen Sohn Karl mit 300 ihrer luxemburgischen und böhmischen Ritter.

Das zweite Treffen bestand aus 4.000 Rittern und zahlreichem Fußvolk unter dem Befehl des Bruders des französischen Königs Graf Karl von Alencon.

Das dritte Treffen bestand aus dem ungeheuren Rest der Ritter und Fußknechte, die der französische König Philipp selber unter seinem Befehl hatte. Bei diesem Heer befanden sich auch die Könige von Navarra und Mallorca, sowie die Blühte des französischen Adels.

Die Armbrustschützen befanden sich ziemlich weit hinten, so dass sie sich erst nach vorn durchkämpfen mussten, als der Befehl zum Tagesmarsch kam. Aber die Schützen waren durch ihren sechs Meilen langen Tagesmarsch sehr erschöpft, und da keiner mehr von ihnen mit einem Kampf an diesem Tag gerechnet hatte, hatten sie ihre vom Regen unbrauchbar gemachten Ausrüstungsstücke auf die Gepäckwagen gelegt.

Die Schützen waren müde und nicht mehr zu einem Kampf bereit. Doch der Graf von Alencon, dem dies zu Ohren gekommen war, schrie auf die Armbrustschützen ein, sie mögen weiter ziehen. Als sie sich nun zu der ersten Truppe mit den Rittern König Johanns formierten, brach, wie bereits in der vergangenen Nacht ein gewaltiges Gewitter los, so dass die Engländer wie auch die Franzosen total durchnässt wurden. Als es endlich zu regnen aufgehört hatte, schien die Nachmittagssonne so stark, dass die Franzosen ganz geblendet waren, während die Engländer die Sonne im Rücken hatten, also im Vorteil waren.

Es war bereits spät geworden, als die Armbrustschützen sich aufstellten, um sich mit den englischen Schützen zu messen.

Gewaltig klang der Kampfschrei der Genuesen, doch die Engländer nahmen dies gar nicht zur Kenntnis. Ein weiteres Mal erschallte das Geschrei der französischen Schützen, dieses Mal noch lauter und gewaltiger als beim ersten Mal.

Wieder herrschte bei den Engländern eine unheimliche

Stille.

Zum dritten Mal ertönte der Schlachtruf der Genuesen. Sie schrieen so laut sie es nur konnten, gingen ein paar Schritte vorwärts, knieten nieder und begannen, nachdem sie ihre Armbrüste gespannt hatten, zu schießen. Nun kam plötzlich Leben in die in Eisen gehüllten Feinde. Die Engländer spannten ihre riesigen Bogen und ein wahrer Hagel von großen, todbringenden Pfeilen prasselten auf die Franzosen nieder, schnell und unaufhörlich. Ungeschützt und fast wehrlos brachen die Franzosen unter dem Pfeilhagel der Engländer zusammen, die Glieder durchbohrt.

Alle die noch in der Lage waren wollten zur Flucht aufbrechen, aber die zweite Truppe der Franzosen umringte sie und drängte sie in den Kampf zurück. Der Adel, der das Fußvolk schon immer etwas verachtete, glaubte bei dem Zusammenbruch der Armbrustschützen, an einen Verrat derselben und schlug auf diese ein, um sie in die Schlacht zurück zu treiben. Diese setzten sich mit all ihrer Kraft zur Wehr.

Die Engländer, die diesem Schauspiel staunend zusahen, nutzten die Öffnung der französischen Truppen, durchbrachen diese und stürzten sich auf die in der Zwischenzeit abgesessene Reiterei. Der Engländer walisischen Fußknechte, mit ihren zwar kurzen, aber sehr scharfen Messern, erstachen die Rosse der Feinde und halfen den französischen Rittern gegen ihr eigenes Fußvolk.

Das Geschrei des Kampfes wurde immer lauter. Die Franzosen kämpften jetzt ohne jeden Plan und Ordnung. Die Engländer aber hielten Stand, blieben geschlossen und folgten ihrer Führung, während ihre Feuergeschütze (die hier zum ersten Mal in der Geschichte in einem offenen Kampf erwähnt wurden) Tod und Verwirrung in

39

die Reihen der Franzosen schleuderten. Bald lag die Blüte des französischen Adels tot auf dem Schlachtfeld verstreut.

Die Kampf- und Schmerzensschreie wurde immer lauter, so dass sie schließlich an Johanns Ohr, der blind in seinem Zelt saß, drangen. Er konnte die Schlacht zwar nicht sehen, aber sehr gut hören.

Johann bat den Ritter Mönch von Basel zu sich, um ihn nach den Stand der Dinge zu fragen.

Doch was dieser ihm berichtete, gefiel dem blinden Böhmenkönig gar nicht.

Der Ritter sagte ihm": Man hat meinen Rat nicht befolgt und so wird alles zugrunde gehen. Der Tag neigt sich bereits dem Ende zu. Wir haben die Sonne im Gesicht, die Genuesen sind geschlagen und der König hat befohlen, sie alle zu töten. So hat sich in unseren eigenen Truppen ein gewaltiger Kampf erhoben, der uns das größte Hindernis
bereitet. Die Schlacht hat einmal begonnen, es gibt keine Hilfe mehr. !"

Johanns Tod auf dem Schlachtfeld.

Die Ritter, die in Johanns Begleitung waren, baten ihn, sich in Sicherheit zu bringen. Da erhob sich der binde König, straffte seine Glieder und antwortete den Rittern.

"Das wird, will´s Gott nicht geschehen, dass ein Böhmenkönig aus der Schlacht flieht. Wisset und glaubet, ich will heute entweder ritterlich siegen, oder, von rühmlichen Tod gefällt, wie ein König fallen und sterben. Führet mich denn dahin, wo der Kampf am größten ist, aber meinen Sohn schützet mit Fleiß. Gott mit uns!"

Da nahmen zwei Ritter, Heinrich, Mönch von Basel und Heinrich von Klingenberg den blinden vom Kopf bis zu den Zehen gepanzerten König in ihre Mitte, banden sein Ross an die ihren und schirrten alle Pferde aneinander, damit sie ihn nicht aus den Augen verlieren konnten und keiner aus der Schlacht fliehen konnte und ohne die anderen heimkehren konnte.

Als sie nun alle bereit waren, ließ der Ritter Heinrich, Mönch von Basel, der die Aufstellung des Feindes kannte, die Flagge von Frankreich dort errichten, wo die englischen Ritter ihren Platz hatten.

Es war schon spät geworden als man auf dem Schlachtfeld an kam, und mit dem Lösungswort "Prager" stürzte sich Johann mit seinem Gefolge auf die Reihen der Feinde.

Der Kampf, der jetzt seinen Höhepunkt erreicht hatte, wütete und tobte. Schon waren 180 Mann aus Johanns Gefolge gefallen, da sank auch schon der blinde König, mehr als einmal von den feindlichen Pfeilen durchbohrt, im Todeskampf dahin. Kaum einer hatte den ruhmvollen Tod Johanns bemerkt, und so ging der Kampf ungemindert weiter. Die Engländer hatten ihren endgültigen Sieg über die Franzose dem " schwarzen Prinzen", dem Sohn Königs Eduard III. von England zu verdanken.

Am späten Abend ritt Eduard als Sieger über das Schlachtfeld und sah unter den Gefallenen den Leichnam des Böhmenkönigs inmitten seiner Getreuen liegen.

Wehmütig rief er aus; "Heute sank die Blume der Ritterschaft, denn niemanden glich diesem Könige von Böhmen. Wahrlich, ein anderes Bett hätte dieser verdient, als so hier im Staube zu liegen. !"

Danach hob Eduard den Helmschmuck Johanns auf,

und nahm, drei mit einer goldenen Tresse gebundene Straußenfedern mit der Devise "Ich dien" an sich. Diese gab er am nächsten Tag seinem Sohn, dem Prinzen von Wales als Siegespreis. Dieser nahm sie später in sein Wappen auf, wie sie noch heute die Prinzen von Wales führen.

König Eduard III. von England beauftragte die Ritter, Regnault von Cobehen und Richard von Stanfort, nebst vieler anderer, wappenkundiger Ritter und Herolde denen er noch 400 Mann beigab, alle Gefallene namentlich aufzuschreiben.

Bei der Schlacht von Crecy fielen:
1 König, (Johann von Böhmen)
11 Prinzen,
80 Bannerherren,
1.200 Ritter
und ungefähr 30.000 Mann.

Zum Zeichen ihrer tiefen Trauer, legten König Eduard und sein Sohn am nächsten Tag Trauerkleidung an.

Eduard ließ alle Gefallenen in die in der Nähe gelegenen Abtei Valloire bringen, wo man, nachdem man feierlich ein Totenamt für die Gefallenen gehalten hatte, (auch Eduard und sein Sohn wohnten dieser Messe bei) die vornehmsten

der

gefallenen Ritter beisetzte.

Johanns Sohn Karl wurde von einem böhmischen Ritter aus der Schlacht verwundet gerettet und in die in der Nähe gelegenen Abtei Ourschamps bei Noyon gebracht, wo man seine Verwundungen pflegte.

Johann findet auch nach seinem Tod keine Ruhe.

Der am 26. August 1346 ehrenvoll gefallene König, Johann von Böhmen, sollte insgesamt 13 Mal umgebettet werden, bevor er seine endgültige Ruhe finden sollte.

Eduard III. König von England und Sieger der Schlacht von Crecy, ließ die Leiche Johanns, einen Tag nach Johanns Tod, in der Abtei Valloire, aufbahren.
Da es jedoch Johanns letzter Wille war, in seiner geliebten Heimat Luxemburg beigesetzt zu werden, übergab Eduard den Leichnam Johanns, dessen Sohn Karl damit dieser seinen Vater am 7. September nach Luxemburg bringen konnte, wo man ihn in der Altmünsterabtei in Clausen, am Fuße des

Grafenschlosses feierlich beisetzte.

Dort ruhte Johann in Frieden, bis 1542 das Franziskanerkloster Marien Münster im Krieg zwischen Karl V. von Habsburg und Franz I. von Frankreich, aus militärischen Gründen total zerstört wurde, so dass man Johanns Leichnam in der in der Nähe gelegenen Kirche des dortigen Franziskanerklosters beisetzte.

Die Gebeine des Königs sollen dort neben dem Altar in einem einfachen hölzernen Sarg gelegen haben.

Als die Benediktiner die Abtei Marien Münster wieder aufgebaut hatten, forderten sie 1592 den Leichnam Johanns von den Franziskanermönchen zurück. So wanderten die Gebeine nach fast 50 Jahren von dem "Knuedlerkloster" in die "Neumünsterabtei" im Stadtgrund. (Dort verschwanden Teile des Leichnams. z.B. das Haupt Johanns)

Als die französischen Truppen Ludwigs XIV. in Luxemburg einfielen und die Abtei abbrannte, waren die Gebeine ein weiteres Mal in Gefahr, so dass man den Leichnam in die Benediktinerabtei Refugium in der Oberstadt schaffen musste. Ihm Jahre 1613 ließ der Benediktinermönch namens Peter Roberti das dürftige Grabmal des Böhmenkönigs in der Kirche "zum Hl. Johannes" in eine würdige Ruhestätte umwandeln.

Bei der Umbettung Johanns musste man leider feststellen, dass das Haupt und der rechte Oberarm des Königs verschwunden war.

Nach mühevollen Nachforschungen erfuhr der Abt Roberti, dass der Graf Herman von Manderscheid das Haupt des Böhmenkönigs in seinem Besitz hatte. Leider war dieser in der Zwischenzeit verstorben und so wandte sich der Mönch am 21.Juli 1614 mit einem Brief an dessen Bruder Arnold von Manderscheid, der die Bitte enthielt, das Haupt den restlichen Gebeinen zuzuführen.

44

Doch auch Graf Arnold verstarb, ehe er der Bitte des Mönches entsprechen konnte.

Nun wandte sich der Mönch an dessen Erbe, dem neuen Besitzer des Schädels, Graf Johann Arnold von Manderscheid.

Doch dieser zeigte auf die Briefe die der Mönch ihm zusandte, keine Reaktion.

Schließlich wandte sich der Mönch an das königliche Haus mit der Bitte um Hilfe. So gewann er die niederländische Regentin, Erzherzogin Isabella, als Fürsprecherin.

Diese schrieb dem Grafen Johann Arnold von Manderscheid am 17. Januar 1630 einen Brief, in dem sie ihn entschieden aufforderte, das Haupt dem Mönch zurück zu geben, damit dieser es den restlichen Gebeinen zuführen könne.

Der Graf konnte der dringlichen Bitte der Erzherzogin nicht länger widerstehen und beauftragte seinen Verwalter, Dittrich Ludwig von Boulich, das königliche Haupt persönlich den Äbten zurück zu bringen.

So konnte das Haupt Johanns am 13. Juli 1630 den restlichen Gebeinen beigelegt werden.

1682 kamen die Franzosen wieder und brannten ab, was sie konnten. Die Gebeine wurden evakuiert und als die Gefahr vorüber war, zurück gebracht.

Kurz nach Ausbruch der französischen Revolution 1795, wollten die Mönche der Abtei den Leichnam schützen, indem sie ihn bei einem Nachbarn, einem Bäcker, unterbrachten.

Dieser versteckte die Gebeine Johanns in einer Felsengrotte, deren Eingang er mit einem Stapel Holz verrammelte.

Doch die Mönche glaubten die Gebeine sicherer außerhalb der Stadt und schickten einen der Mönche zu dem Vater des späteren Begründers der Steingutfabrik Boch, Peter Josef Boch, mit der Bitte, die Gebeine bei sich zu verstecken bis die Gefahr durch die Franzosen vorüber sei.

So wurde der Böhmenkönig zwischen anderen Sammelstücken im Speicher des Mansardenstock des Hauses Boch versteckt.

Im Jahre 1833 bereiste Kronprinz Friedrich Wilhelm IV. von Hohenzollern die Rheinprovinz und kam bei dieser Gelegenheit auch zu der Klause zu Kastell.

Die Schönheit dieser Gegend, mit der auf einem Felsvorsprung gelegenen Kapelle, begeisterten in so sehr, dass der damalige Landrat von Saarburg, den Kronprinzen bat, diese als Geschenk anzunehmen, was dieser auch tat.

Als der Kronprinz, bei einem Besuch bei der Familie Boch-Buschmann von den Irrwegen des Böhmenkönig erfuhr, stellte er die Bitte, dem Böhmenkönig ein würdiges Grab in der Klause zu Kastell errichten zu dürfen.

So beauftragte er den Architekten Karl Friedrich Schinkel Pläne für den Umbau zu entwerfen. Dieser dauerte von 1835 bis 1838.

So konnten am 15.08.1838 die Gebeine Johanns in einem schwarzen Marmorsarkophag auf dem sich die Nachbildung der böhmischen Krone befand, in der Klause beigesetzt werden.
Doch es war Johanns letzter Wille, in seiner Heimat seine letzte Ruhestätte zu finden.
So wurde seinem letzten Willen entsprochen, als man ihn am 10. August 1946, 500 Jahre nach seinem Tod, in einem Vorraum der königlichen Krypta in der Kathedrale zu Luxemburg bestattete, wo er bis zum heutigen Tag seine Ruhe gefunden hat.

Obduzionsbericht

Im Jahre 1981 veröffentlichte der Hemecht Verlag in Luxemburg in Heft 1, Jahrgang 33, der Hemecht Zeitschrift für Luxemburger Geschichte, einen Bericht unter dem Titel "König Johanns Reise nach Prag" von Gerard Thill.

Nach die tschechoslowakische Regierung viele Jahre die

Luxemburger darauf drängte, die sterblichen Überreste des blinden Königs untersuchen zu dürfen, gaben die Luxemburger

1978 diesem Wunsch endlich nach.

So wurde am 22.06.1979 der Sarkophag des Böhmenkönig erstmals wieder geöffnet und in Gegenwart luxemburgerischen Autoritäten unterzog Professor Emanuel Vlcek vom Prager Nationalmuseum die vorhandenen Überreste einer kurzen Untersuchung.

Am 27.08.1980 flog man die Überreste Johanns nach Prag um sie dort eingehender Analysen zu unterziehen.

Professor Emanuel Vlcek leitete die Untersuchungen.

Die anthropologischen-medizinische Untersuchung ergab:

Es handelte sich bei den Überresten um einen ca. 50 Jahre alten Mann.

An der Mumie befanden sich vielfältige sekundäre Beschädigungen.

Eine vorhergegangene, rücksichtslose Behandlung, sowie die beabsichtigte Beschädigung bei der Entwendung von Skeletteilen als Andenken, wurden sichtbar.

Feuerspuren an dem Skelett wurden nicht festgestellt, jedoch fand man zwischen den Knochen Teile von verbrannten Knochen eines anderen Individuums.

Die Untersuchung des Skeletts zeigte außergewöhnliche Übereinstimmungen mit den Skelett seines Sohnes Karl IV.

Desweiteren ergab die Untersuchung folgendes:

Johann war ca. 170 cm. groß und besaß eine muskuläre, athletische Figur.

Er hatte einen runden, kurzen Kopf mit einem ausdrucksvollen Gesicht.

Den Bart trug er wahrscheinlich kurzgeschnitten, frisiert, weiter einen kleinen Schnurrbart und frisiertes langes Haar.

(Man sagt, er habe helles Haar und blaue Augen gehabt).

Zu seiner Blindheit ergab die Untersuchung folgendes: An den gut erhaltenen Augenhöhlenteilen fanden sich keine Spuren einer ausgeheilten Verletzung, eines Entzündungs-oder Tumorprozesses.

(Dies belegt die Hypothese, Johann habe sich bei seinem letzten Kreuzzug gegen die Litauer, eine Augenentzündung zugezogen.)

Die Augenkrankheit des Königs war also auf die Augäpfel beschränkt.

Da Johann seit seiner Kindheit schwachsichtig war, (was man auch von seinem Vater, wie dessen beiden Brüder zu berichten weiß) der Sichtverlust langsam, jedoch unaufhörlich fortschritt, kann man Johanns Erblindung mit einem Glaukom (d.h. dem grünen Star) erklären, dies bleibt jedoch rein hypothetisch.

Der Gesundheitszustand und die wahrscheinliche Todesursache:

Die Skelettüberreste sprachen für einen sehr guten Gesundheitszustand. Es wurden keine Frakturen oder Krankheiten, nicht einmal die Gicht, die sich auf dem Skelett propagiert hätte, festgestellt.

Die Skelettabnutzung entsprach seinem Alter.

Folgende Verletzungen wurden festgestellt:

Spuren von Hiebwunden am rechten Ellenbogengelenk.

Ein Hieb trennte den Kopf des Schulterbeins im Gelenk ab und zwei weitere Hiebe trafen den Kopf und den Hals des rechten Schulterbeins.

Die ernsthafteste Verletzung des Königs die festgestellt wurde, war eine Stichverletzung im linken Auge, die in der Augenhöhle durch die Spalte in das Innere des Schädels durchgedrungen war.

Schon diese Verletzung konnte den Tod des Königs wegen der schweren Blutung in der vordersten Schädelhöhle verursacht haben.

Außerdem wurden am linken Schulterblatt unter dem Kamm eine kreisförmige Öffnung mit einem Durchmesser von ca. 10 mm. festgestellt, die durch das Eindringen eines spitzen Körpers (Lanze, Dolch oder Pfeil) in der Brusthöhle entstand.

Die Schrägstellung der Wundkanten in Richtung nach innen beweist klar die Stichwunde in den Rücken, verursacht von einem Speer, der durch das Schulterblatt in die linke Brusthöhle eingedrungen war. Diese Verletzung war sehr ernsthaft, so mal sie größere Arterien verletzt haben könnte.

Der König wurde durch eine Blutung, eventuell auch durch das Eindringen von Luft in die Brusthöhle bedroht.

Beide Stichwunden hat der König in seiner letzten Schlacht erlitten... Diese allein verursachten den sofortigen Tod, was natürlich weitere Verletzungen lebenswichtiger Organe nicht ausschließt.

Nachfolgende Verletzungen, die dem König noch nach seinem Tod beigebracht worden sind:

An dem rechten Handgelenk wurden drei Hiebverletzungen festgestellt, welche die Hand vom Arm abtrennen sollte.

Wahrscheinlich um die Umklammerung einer wertvollen Waffe durch die Hand zu lösen oder um die Ringe von den bereits steifen Fingern abzulösen.

Ein Hiebschlag traf die linke Ferse an der aber nur die weichen Teile abgetrennt wurden. Der Fersenknochen blieb unbeschädigt.

Am 17.02.1981 kehrte der Nationalheld nach Luxemburg zurück.

Wichtigste Daten im Leben des Johann von Böhmen

Zeittafel

1296	10.08. Geburt Johanns.
1306	04.08. Wenzel III. Herrscher von Böhmen wird ermordet. Seine Schwester Anna wird mit dem Herzog von Kärnten vermählt.
1308	27.11. Zu Frankfurt wird Johanns Vater zum deutschen König gewählt
1309	14.08 Erster Reichstag in Speier. 17.09 Zweiter Reichstag in Speier. Johann der bisher in Frankreich erzogen wurde kehrt in sein Stammland Luxemburg zurück
1310	03.07 Heinrich VII. überträgt Johann die Verwaltung seiner Grafschaft Luxemburg und gibt ihm den Titel eines "Grafen von Luxemburg". Dritter Reichstag in Frankfurt. 12.07. Heinrich VII. willigt in die Übertragung der böhmischen Krone an Johann ein. 28.07. Die Gesandtschaft aus Böhmen reist zufrieden in ihre Heimat 18.08. Elisabeth von Böhmen verlässt Prag und reist nach Speier.

30.08. Johann trifft mit 50 Mann als Begleitung in Speier ein.

Am späten Nachmittag wird Johann mit der böhmischen Prinzessin Elisabeth vermählt und mit der böhmischen Krone.

31.08. Einsegnung der Ehe durch den Erzbischof Peter von Mainz.

21.09. Johann zieht mit seiner Gemahlin in Richtung Böhmen.

Sein Vater Heinrich VII reist nach Italien, der Kaiserkrone entgegen.

28.09. Johann kommt in Prag an und belagert es.

03.12. Prag fällt.

09.12. Heinrich von Kärnten verlässt mit seiner Gemahlin Böhmen.

25.12.Johann bestätigt alle Rechte und Privilegien der Städte und des Adels von Böhmen

1311   07.02. Der Erzbischof Peter von Mainz krönt im Veits Dom zu Prag Johann und Elisabeth

18.06 Der neue König Johann bestätigt alle Rechte von Mähren.

27.07. Tot Johanns Onkel Walram.

14.12. In Genua stirbt Johann Mutter im Alter von 36 Jahren.

1312   29.06.Heinrich VII wird in Italien zum römischen Kaiser gekrönt.

15.08 Johann bricht von Prag auf um seinem Vater in Italien zu Hilfe zu eilen.

1313   08.07. Johann wird Vater einer Tochter.

Sie erhält den Namen Margarethe.
15.08. Johann verlässt Prag und reist nach Heckenbach bei Biberach
24.08.In Buonconvento, in Italien stirbt Johann Vater.
(Es heißt, er sei mit einer Hostie vergiftet worden.)
02.09. Heinrich VII wird im Dom zu Pisa beigesetzt.
Im Oktober Johann bricht seinen Hilfezug ab und reist nach Luxemburg.
Dort bleibt er ein ganzes Jahr.

1314 02.02. Johann beginnt sich um die römische Königs und Kaiserkrone zu bemühen.
07.02. Er verpfändet den ihm gehörenden Zoll von Antwerpen.
07.08. Balduin von Trier wird von ihm als Oberster Stadthalter Luxemburgs Besitztümer eingesetzt.
18/19.10. Wahltag in Frankfurt. Es werden zwei römische Könige gewählt.
Vier Stimmen bekommt Ludwig der Bayer,
Drei Stimmen Friedrich von Österreich.
25/26.11 Ludwig lässt sich in Aachen
25/27.11 Friedrich in Bonn zum König krönen.

1315 20.05 Elisabeth schenkt Johann ein weiteres Mädchen
Sie erhält den Namen Gutta.(Bonne)
21.05. Johann bricht zum Krieg gegen den Grafen Matthäus von Trencin in Ungarn auf .

25.07. Rückkehr nach Böhmen.
In Böhmen verschlimmern sich die Zustände.
26.10. Auf Johanns und Elisabeths Befehl wird Johanns Heinrich von Lipa festgenommen.

1316

17.04. Es droht ein Bürgerkrieg. Johann ist gezwungen Lipa wieder freizulassen.
14.05. Geburt des Thronfolgers.. 30.05. Er wird auf den Namen
"Wenzel" von dem Erzbischof Balduin von Trier getauft. Später behält er jedoch seinen Firmennamen " Karl "
und geht als solcher in die Geschichte ein. Karl IV.
Die Geburt des Thronfolgers hat in Böhmen die Gemüter etwas beruhigt.
17.08 Johann verlässt Böhmen.
19.08. Er bewährt sich in der Schlacht von Esslingen und erhält dafür den Ritterschlag von seinem Onkel Balduin von Trier.
Elisabeth hat nach der Abreise Johanns die Regierung in Böhmen übernommen.

1317

13.06. Johann erwirbt die Herrschaft Falkenstein.

24.06. Um weitere Unruhen in Böhmen zu vermeiden, schicken die böhmischen Stände vier Schiedsrichter zur Schlichtung zu
Elisabeth. Diese zeigt jedoch keinerlei Interesse und öffnet den Herren erst

gar nicht die Tür. Die Zustände spitzen sich immer mehr zu.

30.10.   Auf Elisabeths Hilferuf kehrt Johann nach Böhmen zurück.

12.11.Mit 200 Reisigen trifft Johann bei Elisabeth ein. Dort hatten sich jedoch bereits Wilhelm von Waldek, der Bischof Johann von Prag und mehrere andere Adlige und Edelmänner ein gefunden um ihre Hilfe an zu bieten.

18.11.   Johann belagert mit seinen Männern Prag.

Nach der Wiederherstellung des Friedens, suchen Hungersnot und die Pest Böhmen heim.

1318   20.03   Auf Ruf Ludwigs von Bayern reist Johann nach Eger

20.05. Sein finanzielle Situation wird immer schlechter. Balduin von Trier muss in seinem Auftrag mehrere Ortschaften von Luxemburg verpfänden. Johann versucht sogar Böhmen gegen die Rheinpfalz einzutauchen.

24.06.Johanns jüngste Schwester wird mit dem ungarischen König Karl Robert vermählt.

22.11. Elisabeth schenkt Johann einen weiteren Knaben. Man tauft, ihn auf den Namen Ottokar.(Er stirbt jedoch nach zwei Jahren.)

1319   07.07.   Man redet Johann ein, es drohe ihm von Seiten Elisabeth Gefahr.

Sie habe vor ihn zu stürzen. Johann belagert darauf hin Prag.

15.07. Prag fällt.
Herbst   Die luxemburgische Ernte war sehr gut.
28.12. Johann reist geheim nach Prag und bleibt dort für ein ganzes Jahr.

1320   20.04   Ottokar, Johanns jüngster Sohn stirbt.
05.06   Tod Peters von Aspelt.
08.11. Johann erwirbt die Herrschaft von Autrey.

1321   03.02. Er kehrt nach Prag zurück.
24.02. Bei einem Turnier in Böhmen wird Johann verletzt.
23.06. Er verlässt Böhmen und kehrt nach Luxemburg zurück.

1322   12.02. Geburt eines weiteren Knaben, Johann-Heinrich

Im Juli Johann kommt nach Böhmen.
28.09.   Entscheidungsschlacht   bei Mühldorf.
18.10. Für ein paar Wochen reist Johann nach Böhmen zurück.
Im November   Johann hält sich in Frankreich auf.
Karl IV. wird nach Frankreich gebracht,

1324   Karl IV. heiratet Blanka von Valois
16.09. Belagerung der Stadt Metz.
(Vier-Herren-Krieg)
21.09. Angriff auf Metz.

28.10. Aus Rache griffen die Metzer Bürger Luxemburg an.
21.02. Zweiter Angriff auf die Stadt Metz.
18.03. Im Krieg gegen Metz schlagen die Luxemburger zurück.
15.04. Metzer Bürger greifen erneut Luxemburg an.
27.05. Es kommt zu einem Waffenstillstand bis Weihnachten.

1325

12.03. Johann kehrt völlig verschuldet nach Böhmen zurück
Elisabeth hat sich zurückgezogen und beginnt zu kränkeln.
In Böhmen herrscht nur noch die Willkür der Mächtigsten, eine Ohnmacht der Gewalt.

1326

03.03. Es kommt ein Friedensvertrag zustande zwischen den "Vier Herren" und der Stadt Metz..
27.10. In Metz kommt es zu einem neuen Krieg, einem Bürgerkrieg.
15.12.Johann sichert allen Händler die durch Luxemburg reisen, besonderen Schutz zu.
Die Zustände in Böhmen geraten völlig außer Kontrolle.

1327

03.01. Johann lässt in Böhmen Münzen nachprägen mit einem sehr geringen Silberanteil.
Aufenthalt Johanns in Luxemburg

1328

Krieg gegen Polen. Wadislav Lotietek

17.07. Johann trifft in Prag ein. 23.07. Er zieht mit 2.300 schwer geharnischte Reiter und unzähligem Fußvolk nach Österreich.
28.11 Johann schließt mit Österreich Frieden und kehrt nach Prag zurück.
16.12. nach Böhmen zurück

1329   25.05. Wieder kehrt Johann bis zum 09.Juni nach Böhmen.
26.08. In Brünn stirbt Johann von Lipa.

1330   28.09 Elisabeth stirbt um 15oo Uhr in Böhmen, Sie hat Luxemburg nie gesehen. Johann hält sich in dieser Zeit in Innsbruck auf in Trient.
Sein Sohn heiratet Johann-Heinrich Margarethe Mautasch.
Bei dieser Vermählung ist auch Johann anwesend.
26.11. Die italienische Stadt Brescia bitte Johann um Hilfe.
Viele andere Städte Italiens schließen sich dessen an.
31.12. Mit 400 Rittern zieht Johann in die Stadt Brescia ein.

1331   08.02. Johann wird zum Herrn der ital. Städte erklärt.

Im März Karl, Johanns ältester Sohn wird von ihm zum Stadthalter ernannt.
27.03. Johann selbst reist nach Böhmen um seiner Tochter Anna nach Luxemburg

bringen zu lassen.
27.08. Johann reist nach Prag
25.09. Johann trifft in Breslau ein.
Krieg gegen Ungarn
24.11. Johann reist nach Prag.
13.12. Johann verlässt Prag um sich in Frankfurt mit seinem Oheim Balduin zu treffen.
19.12 Balduin und Johann treffen sich in Frankfurt.
Johann reist von dort nach Luxemburg.
30.12 Johann trifft in Luxemburg ein um seine Tochter Gutta
nach Frankreich zu begleiten, wo man sie vermählen möchte.
(genaues Datum nicht bekannt)
Jacob von Monclair erhält von König Johann von Böhmen 600 Lire
für den Schutz der Burg Freudenburg und wird zugleich Lehnsherr von Freudenburg.

1332

02.02. Gutta und ihr Vater Johann treffen in Paris ein.
18.03. Heirat Guttas mit dem Kronprinzen von Frankreich,
Johann, Herzog der Normandie
06.08. Johann von Böhmen verpfändet für 6 Jahre Arlon.
10.08. Er reist an den Rhein.
07.09. Johann reist für acht Tage nach Prag um sich dort Geld zu besorgen.
15.09. Er verlässt Prag und reißt nach

Frankreich.

29.09. Ankunft in Paris.

25.11. Karl, Johanns Sohn hat in Italien große Schwierigkeiten.

24.12. Johann zieht mit einem Heer nach Italien um seinem Sohn zu helfen.

1333

14.08. Johann verliert Italien.

15.10. Er kehrt nach Böhmen zurück.

30.10. Ankunft in Prag.

1334

09.06. Johann fällt mit einem Heer ins Limburgische ein.

Ende 12. Johann schließt einen Heiratsvertrag für seine Heirat mit Beatrix von Bourbon.

König Johann von Böhmen entschädigt Arnold V. von Sierk für die ihm an in mehreren Kriegen geleisteten Dienste, in dem er ihm den Schutz des Freudenburger Schlosses übertrug.

(Genaues Datum nicht bekannt)

1335

09.01. Johann heiratet Beatrix von Bourbon

Im April Er wird bei einem Turnier lebensgefährlich verletzt.

Beginn des Baus der dritten Ringmauer um Luxemburg.

1336

1337

02.01. Johann lässt Beatrix nach Prag kommen.

25.02 Beatrix schenkt Johann einen Knaben. Er wird auf den Namen Wenzel getauft.
04.04. Rückkehr aus dem Krieg gegen Preußen.
Johann erblindet auf einem Auge.
18.05. Beatrix wird im Veitsdom in Prag zur böhmischen Königin gekrönt.
31.05. Johann und Beatrix kehren nach Luxemburg zurück.
17.09. Johann schließt Frieden mit dem Bischof von Metz Frieden.
18.09. Die Dritte Ringmauer um Luxemburg ist fertig gestellt.

1339

03.09. Johann leiht sich von Balduin von Luxemburg 4000 kl. Florentiner Gulden.
Dezember Johann reist zu den Augenärzten nach Montpellier, die ihm jedoch nicht helfen können. Er erblindet vollständig.

1340

09.09. Datum Johanns Testament.
20.10. Gründungsdatum der Luxemburgischen Schobermesse.

1343

16.03. Johann verpfändet Teile von Luxemburg.
02.04. Er lässt sich eine Liste aufstellen die sämtlich Lehnsleute von ihm enthält

1345	226 Namen.
	Dritter Kreuzzug nach Litauen.
1346	01.01. Johann reist von Luxemburg nach Böhmen.
	Er leiht sich bei dem Bankier 250 Goldflorins.
	100 davon sollen seine Reise finanzieren.
	26,08 Tod Johanns auf dem Schlachtfeld Crecy

Gedichte über Johann von Böhmen

Crecys

Durch Crecys Ebene tobt die wilde Schlacht;
Mit Frankreichs Heer mißt sich der Briten Macht.
auch während König Philipps Reiterschaft
Nach Ehre drängt in stolzer Heldenkraft,
Dem Kampf zur Seite harrt in träger Ruh,
Ein Reitertrupp und sieht dem Ringen zu.

Aus seiner Mitte hebt sich Schulterbreit
Ein greiser Dorst im reichen Waffenkleid,
Vom Helme blinkt der Königskrone Zier,
Ein hehres Anglitz grüßt aus dem Visier,
Doch übertraurig schaun aus dem Gesicht,
Zwei tote Augen in das Sonnenlicht.

Das ist Johann von Böhmen schönem Thron,
Der blinde Luxemburger Kaiserssohn;
Vom fernen Prag kam er mit Mann und Huf,
Herbeigeeilt auf König Philipps Ruf,
Daß er mit seinem kampferprobten Rat,
Dem Sohn helf bei schwerer Waffentat

Lauttosend wälzt die Schlacht sich durch das Feld.
Mit vorgebeugtem Haupte lauscht der Held;
Bei all dem Kampfgeschrei, dem Schwerterklang
Erwacht in ihm der alte Tatendrang,
Und manchmal, wie im heißen Traum, fährt
Die rasche Rechte an das breite Schwert.

Indessen weicht von Philipp schon das Glück;
Die Schützen Genuas stürzen feig zurück,
Das schwarzen Prinzen junge Heldenkraft
Mäht scharf die Blüte fränkischer Ritterschaft.
Und vor dem Donner der Kanonen sucht
Das Fußvolk Heil in einer wirren Flucht.

"Herr Mönch von Basel" spricht der König da,
Mir schwant, uns sei ein großes Unglück nah.
Wie steht es um den Tag, du weiser Mann?"-
-"Die Sonne, Herr, fängt schon zu sinken an,
Die Unsern fliehn, viel Tapfre liegen tot;
Heut leidet Frankreichs Ehre große Not"!

Da fährt empor der Held "Sie fliehn, sagt Ihr!
Du Notgeselle; dann heraus mit dir!"
Und fröhlich ruft Johann und schwingt das Schwert;
"So bitt ich euch, ihr Herren treu und wert
Führt mich so nahe an den Feind heran,
Daß ich noch einen Schwertgang machen kann!"

Erschrocken sehn sich an die edlen Herrn
"Was Ihr befehlt, Herr König, tun wir gern.
Doch fleh'n wir, entsendet uns allein!
Wir reiten freudig in den Tod herein;
Nur Euer Leben, Herr, das schützet mit Fleiß!"
Doch unwirsch ruft der ritterliche Greis;

"Ihr Herrn, vergeßt mir nicht in treuem Sinn
Wie Sproß und Vater ich von Kaisern bin!
Kein Luxemburger noch im Bette starb,
Wenn schmeichelt ihn das Lied der Schlacht umwarb.
Und nimmer künde eines Weibes Sohn,
Daß Böhmen König vor dem Feind geflohn.

Mein Schwert, das ich fast vierzig Jahre schwang,
Das an der Tiber und am Haff erklang,
Mein braves Roß, das mich im Siegesflug
Vom Kampf zu Kampf durch ganz Europa trug,
Uns drei hat doch das Leben müd gemacht;
Will's Gott, so ruhn wir friedlich in dieser Nacht.

Wohlan, ihr Herrn, hinaus in stolzer Ruh!

Kehret kühn den Feinden uns're Banner zu;
Laßt fliegen hoch die Löwen, stark gepaart:
Sieg oder Tod! das ist des Löwenart.
Prager! die Losung und mit Gott voran!
Für treue Dienste dankt König Johann!"

Und Jubel braust dem stolzen Heldenwort,
Und Todesfreunde reißt die Männer fort,
Und fünfzig Ritter ketten Mann an Mann,
Als Ehrenwache sich um den König an,
Und fünfzig Ritter ketten Mann für Mann,
Und fügen sich zum blanken Ehrenwall.

Und trutzig voraus das Löwenpaar,
Und rasselnd in die Feinde fegt die Schar.
Da hielt, begrüßt vom frohen Schlachtgesang,
Der blinde König hohen Wonnegang;
Da ritt auf Crecys Feld im Abendrot
Der große Luxemburger in den Tod.
                              von Niklaus Welters

Das ruhmvolle Ende des blinden König

"Im Moselland, da steht ein Stein,
Wohl bedeckt es einen Helden.
Von Herzen hoch, von Seelen rein,
Von dem die Lieder melden.
Es weht mir durch den Geist ein Gang,

So groß und dunkeltönnig;
Johann, dem Greise gilt der Klang,
Dem blinden Böhmenkönig.

Bei Crecy stellt sich heiß die Schlacht,
Der Franken und der Briten.
Mit wildem Haß und starker Macht,
sind sie zu Feld geritten.
Dem Franken hilft der Böhmen Heer,
Das Herr Johann bestellte.
Doch führt der Greis sie selbst nicht mehr,
Er sitzet blind im Zelte.

Und wie nun ruft, der Lärm vom Kampf,
Die Trommel mit dem Horne,
Der Führerruf, das Roßgestampf,
Da springt er auf im Zorne:
"Ich kann, bin ich auch alt und blind,
Nicht tatenlos mich fühlen,
Das Feuer, das durch die Adern rinnt,
Im Kampfe will ich's fühlen.

Ich will die Waffen, Schwert und Schild,
Ich will zwei treue Knaben.
Ihr rettet mir mein edles Pferd,
In mitten eurer Rappen!"
Dann hin- es jauchzt die Schlacht empor,
Horsch! Waffen, Rufen, Schnaufen!
"Euch führt das Aug, mich führt das Ohr,
hin in die dichten Haufen!"

Und fertig stehn sie vor dem Zelt.
Fest Mann an Mann geschlossen.
Dann klingt der Sporn, es dröhnt das Feld,
Von drei sturmschnellen Rossen.
Die Knaben fliegen hoch und wild
Zum edlen Heldenritte,
Der Greis ein hehres blindes Bild,
Ragt hoch aus ihrer Mitte.

So stürzen sie zum Kampf heran,
Mit mächt'gen Schwertesstreichen
Und lassen ihre Heldenbahn,
Bedeckt mit blutigen Leichen.
Dann sinken sie, des Todes Preis,
Die Tod gesähet haben.
Wie Winterweiß der Königgreis,
Wie Lenz die beiden Knaben.

"Fahr wohl, Blauhimmel, Erdenpracht,
Ihr Brüder all hinieden,
Durch schönen Tod in freier Schlacht,
Gehn wir zum ew'gen Frieden.!"
Der Sieger Edward ritt heran,
Der Herr vom Britenreiche,
Und deckte weinend mit der Fahn,
des blinden König Leiche.

von Müller

Das Grabmal bei den Steinen in der Klause zu

Kastell

von j. Prott

"Der Mond am stillen Himmel
Erglänzt in wilder Pracht.
Der Geister grause Runde
Beginnt um Mitternacht.

Da sprengt auf Crecys Feldern
Ein kühner Reiterroß,
Sie laufen schnell nach Kastell
Und spornen frisch das Roß.

Und hinterher da wiehert
Und schnaubt im stolzen Lauf
Ein Roß mit glüdenem Sattel;
Es sitzt kein Reiter drauf.

ZU Kastell an dem Berge,
Da steigt der Zug hinan;
Da ruht so still im Grab,
Der blinde Held Johann.

Der Hauptmann pocht am Sarg
Und ruft dem Helden zu;
Da hebt der blinde König
Sich aus des Grabesruh.

Ihm bluten noch die Wunden;
Ihm glänzt so grau das Haar,
Er zückt die blanken Waffen,
Und spricht zur Reiterschar:

"Wer kommt die Ruh mir stören;
In Luxemburg bei Nacht?
Ist denn kein treuer Bürger,
Der hier am Tore wacht?"

"Es ist die Schar der Freude,
Die treu dir stets anhing,
Die einst in Crecys Feldern,
Mit dir zum Kampfe ging.

Du ruhst nicht bei den Bürgern"
"Wo denn"? "Am Strand der Saar"!
Du bist der Stadt entrissen,
Die dir stets teuer war"

"So reiht euch denn ihr Helden,
Da wiehert schon mein Roß,
Hin zu den Luxemburgern,
Zur Ruh im Felsenschloss!"

Da reihen sich die Helden,
Im fahlen Mondenglanz.
Der König in der Mitte,
Die Ritter rings im Kranz.

Da sprenget rasch und rüstig,
Als wär ein Feind im Feld,
Zu seinen Luxemburgern,
Der alte , blinde Held.

Schon hält er an den Toren,
Die Stadt im Mondenlicht,
Sie lacht ihm wild und wonnig,
Er aber sieht es nicht.

Doch im zerfleischten Busen,
Es sehnsuchtsvoll ihm schwillt.
Daß aus der Glut des Herzens
Der heiße Wunsch entquillt;

"Gegrüßt" oh freies Städtchen!
Mir gönne Gott das Los,
Daß lebend ich verlangte,
Zu ruhn in deinem Schoß!"

So spricht der blinde König,
Er spricht in tiefem Ton.
Die alten bärt'gen Krieger,
Sie stehn gerührt davon.

Dann sprengt der König wieder
Nach Kastell in sein Grab.
Es sprengen stumm die Helden,
nach Crecy wieder ab.

Der blinde Held

von Matthias Mongenast

Viel tapfre Krieger zogen hinaus zum blut'gen Streit,
Auf Crecys weiten Feldern da stehen sie kampfbereit.
Und kühne mächt'ge Feinde hat's wogne Meer gebracht.
Viel edle Herren und Ritter in bunter Waffentracht.

"Heute   heißt   es   zuerringen   manch   frischen
Lorbeerkranz,

70

Heut gilt es zu bewähren der alten Taten Glanz!"
Und wie am Himmel droben, zwei Wolken gewitterbang,
So dräut der Menge Toben, der Schild und
Schwerterklang.

Da schallt im Heer der Franken der laute Schlachtenruf;
Darauf ein wirres Drängen, aufschlägt der Pferde Huf.
Und Speer und Schwerter blitzen,gezückt zum blut'gen
Strauß,
Und Pilipps Scharen stürmen zum heißen Kampf hinaus.

Doch dreimal sie sich wenden, umsonst ist all ihr Müh'n;
Wie da von bitt'rem Zorne, die stolzen Streiter glühn.
Da hilft kein wack'res schlagen, kein stürmen drauf und
dran;
Es bricht durch ihre Reihen, der Briten Schar sich Bahn.

Nicht fern vom Kampfesplatze, erhebt sich hoch zu Roß,
Ein Held in silber Locken, um ihn ein Reiterstoß.
Er fasst in seiner Rechten, voll kampfesglut ein Schwert;
Mit Bitten und mit Tränen man ihn um Streite wehrt.

Das ist Johann der Blinde, der edle Kaisersohn,
Des Namen hochgeehret bei Volk und Fürstenthron,
Von dessen Waffentaten durch alle Land'entlang,
Es von der Weichsel Ufer bis an den Tiber klang.

Und in den starren Norden, im feuchten Dünenland,
Und tief im üpp'gen Süden, im heißen Sonnengrand,
Da schlug mit seinen Mannen er manche harte
Schlacht,
Hat unter seinem Zepter manch' stolzen Feind gebracht.

Ihm ist schon längst erloschen der Augen Adlerblick.
In dunklen Nachtgestalten ahnt er der Feinde Glück;
Er hört ihr Siegesjauchtzen wie mächt'ger Wolken Flut,
Da willt in seinen Adern das alte Heldenblut.

Und immer laut und lauter der Schwerter Schlagen
schallt,
Der Feinde wildes Raufen zu ihm hinüber hallt;
Und unter weitem Panzer, er fühlt ihn all zu eng,
Sehnt sich der Heldenbusen ins wilde Kampfgedräng;

Umsonst zu meinem Herzen euer Flehn und Bitten
spricht,
Denn zwischen Tod und Schande, da wählt der Tapfre
nicht.
Umsonst, umsonst ihr Ritter! Laßt mich zum Streite nur,
Dort siecht so mancher Krieger, der ewige Treu' uns
schwur.

Und sollt an diesem Tage ich fern von Kampfe stehn,
Soll in Nacht und Dunkel des Namens Glanz verwehn?
Und soll man heute rühmen, dass ich den Feind geflohn,
Daß ich nicht wert zu heißen, des deutschen
Kaiserssohn?"

Er hat es kaum gesprochen, schon stürzt er kühn voran,
Um ihn die wackren Ritter, sie kämpfen wie ein Mann.
Und wie zum Tod und Leben ein Band sie all umschlingt,
So ist ein Mut der Treue, der ächtig sie durchdringt.

Ha! wie der Feinde beben! Sie stehn vor Schrecken
bleich;
Der Held im grauen Haare, er kämpft dem Löwen gleich.
Und sieh' die Schar der Treuen, wie blitzt im Kreis ihr

Speer,
Der Feind hat sie verschlungen, gleich wie ein brausend Meer.

"s ist schon Nacht. Das laute Toben und Schwerterklirren
schweigt.
Nur aus gebrochnen Herzen ein letztes Röcheln steigt.
Und dort, wo noch vor kurzem der Schlachtenruf erscholl,
Da liegt's wie Grabesruhe so stumm und schauervoll.

Und manchen, dem noch eben ein Herz voll Treue schlug,
Und der noch fest und mutig sein stolzes Banner trug,
Und der emporgeglühet, des Hauses Stolz und Glanz,
Ihm presst die kalte Stirne der blut'ge Lorbeerkranz.

Da tritt aus düstren Wolken der Mond wehmütig bleich,
Und wirft die fahlen Strahlen ins weite Totenreich.
Und sieh! Inedlen Zügen, ein Anglitz ernst und mild,
Aus goldeslichtem Helm, die Silberlocke quillt.

Die Burgen von Johann von Böhmen

Die Johann dem Blinden gehörten und die zur Verteidigung gegen das Erzstift Trier benutzten Burgen und feste Plätze.

Ihm gehörten:	Er benutzte:
Arlon	Bübingen
Bastogne	Echternach
Bologne	Falkenstein
Damvillers	Freudenburg

Durbuy
Geronsart
Ivoix
Laroche
La Verte
Luxemburg
Marche
Mirwart
Orchimont
Poivache   .
Reuland
Veymerange
Virton

Freudenstein
Freudenkopp
Friedland
Grevenmacher
Hartradstein
Manderscheid
Neuerburg
Remich
Schönecken
Vianden

Quellenverzeichnis

AUTOR   TITEL

Bertau,K   Die deutsche Literatur im

75

	europäischen Mittelalter,1973
Bretholz,B	Geschichte Böhmens und Mährens,1924
Borst,A	Lebensformen im Mittelalter,1979
Borst,A	Babaren, Ketzer und Artisten,1988
Bosl,K	Handbuch der Geschichte der böhmischen Länder, 1967
Bosl,K	Lebensbilder, 1974
Bosl,K	Europa im Mittelalter, 1970
Callwey	Das Alte Metz, 1944
Cosmas	Chronik von Böhmen, 1895
Conrad,K	Der dritte Litauerzug des Johanns von Böhmen, 1972
Cronicon Aulea Regine Königsaaler	
Geschichtsqellen,	1875
Czeppan,R	Die Schlacht von Crecy, 1906
Deyl;J	Über die Blindheit des Tschechischen König Johann von Luxemburg, 1919
Dex, Jaique	Die Metzer Chronik, 1906
Dietmar,C.D.	Die Beziehungen des Hauses Luxemburg zu Frankreich in den Jahren 1247-1346, 1977
Dominicus	Balduin von Luxemburg, 1862
Dudik, Dr.B	Mährens Allgemeine Geschichte,1886
Emmelmann,M	Beziehungen des deutschen Ordens zu König Johann, 1910
Enner,E	Die Europäische Stadt des Mittelalters, 1972
Erben, W	Kriegsgeschichte des Mittelalters 1929

Evans,J	Das Leben im mittelalterlichen Frankreich 1960
Feuchtwanger,L	Die hässliche Herzogin, 1953
Forstreuter,	Deutschland und Litauen, 1962
Frey, B	Pater Bohemiae-Vitricus Imperii, 1976
Ficken, E	Johann von Böhmen, 1932
Fischer -Farbian	Der jüngste Tag,1985
Gansdorf,Dr.Fr.L	Brabant, Rheinland und Reich im 12, 13,und 14.Jahrhundert, 1938
Gerlich,A	König Johann von Böhmen, 1973
Gerlich,A	Habsburg,Luxemburg,Wittlich Im Kampf um die deutsche Königskrone, 1960
Haskova,J	Finanzquelle des Königs Johann von Luxemburg in Böhmen erschienen in: Hemecht Zeitschrift für Luxemburger Geschichte, 1981, Heft 1 , Jahrgang 33.
Heyen,F.J.+ Mötsch,J	Balduin von Luxemburg,1985
Herm.G	Der Aufstieg des Hauses Habsburg, 1988
Hubensteiner	Bayrische Geschichte, 1950
Horcicka,Dr.Weber	Mitteilungen des Vereines für, Die Geschichte der Deutschen in Böhmen, 1907
Hoscheck,T	Der Abt von Königsaal und die Königin Elisabeth,
Hilsch	Biographie Johanns von Böhmen

	Historischer Atlas
Jacob,K	Quellenkunde der deutschen Geschichte im Mittelalter, 1952
Jilek, H	Biographie zur Geschichte der böhmischen Länder,
Kellen, T	Die Irrfahrten des blinden Königs. 1938
Kinsch, J.P.	Beatrix von Bourbon ersch: Hemecht Heft 1
Kranz,R & Quintus,N	Das alte Luxemburg Heute, 1984
Klages,E	Johann von Luxemburg und seine auf Böhmen ausgerichtete Heiratspolitik, 1912
Klefisch, K	Kaiser heinrich VII.,1924-28
Klein,W König	Schicksale der Überreste des
	Johann von Böhmen, 1907
Köhler,G	Die Entwicklung des Kriegswesen und der Kriegsführung der Ritterzeit, 1886
Kohn,K	Johann der Blinde, Graf von Luxemburg und König von Böhmen in seinen Beziehungen zu Frankreich,
Lackas, N	Das Schicksal eines gekrönten Hauptes, ersch. Trierische Heimat Nr10,1929
Lackas,N	Ein Königsgrab an der Saar, 1922
Lascombes,F	Chronik der Stadt Luxemburg 963 -1443, 1978
Losert,J	Geschichte des späten Mittelalters von 1194-1492, 1903
Lindner, T	Deutsche Geschichte unter den

	Habsburgern und Luxemburgern 1273-1437, 1890
Lippert,W	Die Geschichte der Deutschen in Böhmen,
Margue,P	Handbuch der Luxemburger
Menzel,O	Kaiser Karl IV.,1943
Moraw,P	Die Luxemburger, 1993
	Geschichte, 1988
Odeon	Karls IV. Selbstbiographie, 1979
Otto,H	Regesten der Erzbischöfe von Mainz von 1289-1396. 2Bd. 1976
Palacky,F	Geschichte von Böhmen, Bd 2
Palacky,F	Böhmen unter dem Hause Luxemburg,
Prestel,	Kaiser Karl IV. Staatsmann und Mäzen, 1979
Pauli,R	Geschichte Englands, 1855
Priesack,J	Die Reichspolitik des Erzbischhofs Balduin von Trier, 1894
Richter, J	Die Reichspolitik König Johanns von Böhmen seit des Ausbruchs des Erbstreitigkeits in den Alpenländern 1335-1
346, 1923	
Rose,W	König Johann der Blinde und die Schlacht von Crecy,
Rost,H	Die Bibel im Mittelalter, 1939
Runciman, ST	Geschichte der Kreuzzüge, 1968
Seibt,F	Karl IV. Kaiser in Europa, 1978
Seibt,F	Die böhmische Nachbarschaft in der Österreichischen Historiographie des 13. u.14.Jahrhundert, 1665

Schneider, F	Heinrich VII, 1940
Schneider, F	Die Öffnung des Grabmals Kaiser Heinrich VII. in Pisa 1920-21, 1926
Schneider,F	Das Mittelalter bis zur Mitte des 13.Jahrhundert,1929
Schötter,J	Johann, Graf von Luxemburg und König von Böhmen, 1865
Schreiber, G	Der Krone Glanz und Last, 1977
Schrohe, H	Kampf bei Mühldorf,
Schubert,E	König und Reich, Studien zur spätmittelalterlichen Verfassungsgeschichte, 1979
Schulte,A	Die Kaiser-und Königskrönungen zu Aachen, 1924
Stengel,E.E.	Balduin von Luxemburg, 1937
Storost, G	Litauische Geschichte, 1921
Wampach,C	Die Luxemburger im Rahmen des mittelalterlichen Kaiserreich, 1929
Weech,F	Kaiser Ludwig der Bayer und König Johann von Böhmen, 1860
Werveke van,N	Kurze Geschichte des Luxemburger Landes, 1909
Westphal	Geschichte der Stadt Metz , 1875
Weins,Dr	Die Grabstätte des Blinden Böhmenkönigs bei Saarburg, 1922
Winterthur,J.v	Chronika 1250-1348, 1924